D1700069

Martha Canestrini

Mein grüner Daumen

Eine Liebeserklärung
an den Garten

Martha Canestrini

Mein grüner Daumen

Eine Liebeserklärung
an den Garten

Edition Rætia

Die Beiträge wurden samstags im „Blatt für deutsche Leser" im Tagblatt „Alto Adige", dann im Rundfunk des Senders Bozen und in kurzen Dokumentarfilmen für die RAI, Sender Bozen veröffentlicht. Wir bedanken uns für die Erlaubnis, sie hier in überarbeiteter Form zu drucken.

Fotos: Bettina Mayrhofer und Alfons Haller
Grafisches Konzept: Dall'O & Freunde
Druck: Fotolito Longo, Bozen

ISBN 88-7283-203-9

Es gibt Grundsätze,
aber keine Regeln
Gartenanleitungen soll man lesen,
aber nicht befolgen

(Johannes Roth)

Wenn ich von mir schreibe

Ich kenne einen sehr netten Herrn, einen Journalisten, den ich manchmal sehe und der sich lobend über meine Arbeiten äußert; dem bin ich recht dankbar, denn auch Gärtnerinnen haben ihre Eitelkeiten. Er bringt mich aber in einige Verlegenheit, da er immer meinen „persönlichen" Stil hervorhebt. Ich denke, er meint damit die Verwendung der „Ich-Form" in meinen schriftlichen Ausführungen. In seinem Metier ist diese Form verpönt; ein Journalist hat normalerweise Nachrichten, nicht persönliche Meinungen, wiederzugeben. In meinem Fach ist es anders.

Widersinnig wäre ein Bericht mit trockenen Verallgemeinerungen „Wie man nehme, man gebe ...". Schreibe ich „ich habe genommen, ich habe gegeben", so mag das im ersten Moment anmaßend klingen, soll aber so interpretiert werden, dass „ich" diese und jene Erfahrung gemacht habe, diese Erfolge oder Misserfolge hatte. Ich schreibe ausschließlich von Pflanzen, die ich in meinem Garten gepflanzt, auf meinem Balkon gepflegt habe, dann auch von Leuten aus meiner unmittelbaren Umgebung, die mich zu diesem oder zu jenem Versuch ermuntert haben.

Im Garten kann man Erfahrungen nicht zum religiösen Credo hochspielen. Vor allem, weil's schief gehen könnte. Im Unterland, wo ich wohne, lasse ich die Oleander auch im Winter draußen ... und was passiert, wenn wieder ein eisiger Winter kommt, wie vor einigen Jahren? Ich fordere das Schicksal heraus, werde aber jeden Sommer vorsorglich Ableger zum Wurzeln bringen und sie im Glashaus überwintern lassen, damit Ersatz für Erfrorenes gleich zur Stelle ist. Der Leser aus Sterzing möge sich bitte vor solchen Experimenten hüten. Und ich weiß, er ist eh ganz vernünftig und lässt das bleiben. Immer habe ich dann die Worte eines englischen Gärtners präsent, der in den Kew Gardens in London Vorträge für Laiengärtner hielt; er begann seine Ausführungen immer mit dem Satz: „Bei uns funktioniert die Methode, die ich Ihnen erklären werde, sehr gut. Wenn Sie aber zu Hause ganz anders arbeiten und Sie haben damit Erfolg, bleiben Sie bei Ihrer Methode." Wer Erfahrung mit Pflanzen hat, weiß, wie sehr er Recht hat.

Die „Ich-Form" sollte Interessierte nur zum fortschreitenden Versuch und zur Erweiterung ihrer Kenntnisse anregen. Autoren wie Gertrude Jekyll, Vita Sackville-West, Ippolito Pizzetti, Giuseppe Lodi, Jürgen Dahl schreiben auch alle in bescheidener „Ich-Form". In sehr eitlen Stunden wünsche ich mir, mit meinen Erfahrungen auch erklärten Gartenmuffeln ein Fünkchen Neugierde und Plaisir zu vermitteln. Manchmal werde ich gefragt, ob das Gärtnern mein Hobby ist. Bestimmt nicht. Unter Hobby versteht jeder eine Freizeitbeschäftigung, der er meist um ihrer selbst willen oder aus Lust an einer Vereinstätigkeit nachgeht. Meine Tätigkeit hilft mir, die Natur allmählich kennen und besser verstehen zu lernen. Ich möchte auf die Kultur meiner Zeit mit offenem Geist zugehen. Das ist mir sehr wichtig, so wie es auch das gerechte Verhältnis zu meinen Mitmenschen ist. Orientalische Philosophien und einige europäische religiöse Orden haben nicht von ungefähr Arbeit an der Natur zum Gebet erhoben.

Martha Canestrini

Ein wenig Gartengeschichte

Der Neid des Königs

Was leben wir in einer schönen Zeit, wir Gärtner in Europa! Die tollen Schweden irren nicht mehr verwüstend durch das Land, haben sich gemächlich in Sozialdemokraten verwandelt. Die Spanier frönen allein im Baskenland einem ihrer alten Laster. Auch den Engländern hat man den letzten Waffenexerzierplatz, Irland, mit Friedensverhandlungen vergällt. Die Katholischen schweigen über Inquisition und Scheiterhaufen, sprechen ablenkend von sozialer Gerechtigkeit wie anno dazumal Karl Marx. Die paar Hitzköpfe, die in Europa noch mit dem Säbel rasseln möchten, ziehen in die Dritte Welt, um dort als Söldner ihre Aggressivität auszuleben. Glückliche Tage, wenn Frieden herrscht, die hohe Gartenkunst darf wieder zu Ehren und Ruhm gelangen.

Aber raffinierte menschliche Gemeinheit scheint auch in friedlichen Jahren vor einem harmlosen Garten nicht Halt machen zu können. Wer echtes gärtnerisches Gruseln kennen lernen will, lese die Geschichte des Schlosses von Vaux-le-Vicomte in Melun, fünfzig Kilometer südöstlich von Paris gelegen. Es wurde vom Finanzminister Louis XIV., Nicolas Fouquet, mit einem prächtigen Barockgarten bedacht. 1661 wurden Schloss und Garten festlich-offiziell dem Hofe vorgestellt. Wie prächtig ein Garten sein konnte, können wir uns heute, wo nicht Minister und Könige, sondern Gewerkschaften das letzte Wort haben, eigentlich gar nicht mehr vorstellen.

Das ruhige Wasser eines quadratischen Bassins vor dem Schloss spiegelte das mächtige Gebäude wider. Elegante, bunt blühende Parterres bildeten eine naturnahe Erweiterung der prunkhaften Salons „zur ebenen Erde". Riesige Wiesenlandschaften, von geometrisch gezähmten Baummassen gesäumt, sowie kunstvolle Statuen und zahlreiche Brunnen sollten die absolute Unterwerfung der Natur durch Menschenhand bekunden. Raffinierte prospektische Aussichten gaben dem Garten bisher unbekannte Tiefenillusion. Doppelreihig angeordnete dünne Wasserstrahlen bildeten an Alleenrändern silberne Vorhänge. Nach einer sanften Hügellandschaft offenbarte sich plötzlich den Spaziergängern ein mächtiger Kanal. Der Garten beherbergte ein grünes Theater unter freiem Himmel: Molière schrieb das Stück für die Eröffnung. Lulli komponierte die Tafelmusik für das Diner. Der Planer all dieser Herrlichkeit: André Le Notre.

Die Gäste staunten, waren entzückt, der König indessen ging schweigend mit immer finsterer werdendem Gesicht umher. Als abends Leuchtraketen von im Kanal verankerten Wunderfischen aufstiegen, stand Louis XIV. plötzlich auf und verließ ohne ein Wort die Gesellschaft. Nach drei Wochen wurde Fouquet verhaftet. Anklage: Die königlichen Kassen seien geplündert worden. Louis ließ den unschuldigen Garten, der seinen Neid entfacht hatte, verkommen, Bäume und Statuen in die königlichen Gärten verschleppen. Lange Zeit stand das Schloss verödet da. Im vorigen Jahrhundert begann die französische Regierung mit der Restaurierung. Anhand der alten Zeichnungen konnte ein Teil der ursprünglichen Schönheit wiederhergestellt werden; die wundervollen Brunnen, Statuen und Wasserspiele blieben jedoch verschollen.

Den Touristen stehen Park und Schloss sommers zur Besichtigung offen, ein dicker Bildband, den Gärtnerinnen und Gärtner an der Kasse erwerben können, erzählt die ganze schaurig-schöne Geschichte. In französischer Sprache, naturellement.

Die Schätze des Schattenreiches

Ein praktisch veranlagter Mensch verbindet mit dem Wort Garten die Vision von Keimlingen, die aus braunschwarzer Erde sprießen, von ordentlichen Reihen Gelber Rüben, Salatköpfen und Paradeispflanzen und von ausuferndem Zucchini- und Gurkenlaub. Ein Romantiker hingegen hat schöne Vorstellungen von mondbeschienenen Rasenflächen, schluchzenden Nachtigallen, still dahinziehenden Wolken über tiefschwarzen Bäumen. Der Gärtner, dem die unberührte Natur zur Glaubensfrage geworden, denkt an zart blühende, im Sommerwind sich wiegende Gräser, und irgendwo zwischen wogendem Schilf blinkt Wasser auf. Der Intellektuelle liebt den Schwan, der zwischen Seerosen dahingleitet, hohe Hainbuchenmauern, die ein großes rundes Sandsteinbassin umfangen, in welchem Karpfen schwimmen.

Reizvolle Bilder, die meist dort bleiben, wo sie entstehen: im Kopf. Nur wenigen ist das Glück beschieden, Träume Wirklichkeit werden zu lassen. Wenn einer dieser Auserkorenen spricht, so lassen seine Worte erkennen, dass die Verwirklichung von Visionen nicht so einfach ist. Nehmen wir an, wir müssen uns mit einem großen vernachlässigten Garten am Stadtrand auseinander setzen; das Grundstück hat durch fast ein Jahrhundert wie durch ein Wunder seine ursprüngliche Größe behalten, und seine Maße, ungefähr dreihundert Meter in der Länge und hundert Meter in der Breite, lassen erahnen, dass der alte Besitzer mit den Regeln des Goldenen Schnittes vertraut war*. Nun ist der Garten verwildert, und überall ist Hand anzulegen. Da stehen die üblichen zwei, drei riesengroßen Himalaja-bzw. Libanonzedern herum und erinnern an zwei Elefanten in einem Hundezwinger. Verschiedene Ahorne, ein in der Entstehungszeit des Gartens eben bekannt gewordener Tulpenbaum, einige Mannaeschen und zwei Linden sind große, stattliche Bäumen geworden, die sich aber ineinander geflochten haben. Hier sind gärtnerische Fehler, wie der, die endgültige

Größe dieser Bäume nicht einkalkuliert zu haben, zum Paradebeispiel ausgewachsen. Kein Lichtstrahl dringt auf die Erde, der Boden ist unter den Nadelbäumen rettungslos versauert. Alles Kleine durstet dem Tod entgegen, die nachgepflanzten, hungrigen Rhododendren, die hoffnungslos lichtbegierig in die Höhe schießenden Hortensien: Wo zu viele Bäume zu eng beieinander stehen, beginnt der Kampf um jeden Tropfen Wasser. Wenn zusätzlich, wie in diesem Falle, die herbstliche, regenerierende Blätterschicht Jahr um Jahr „ordentlich" verräumt wird, bleibt die rettende Humusbildung aus, die im Wald für Feuchtigkeit sorgt. Die Lage ist ernst.

Hier muss der Traum mit der Wirklichkeit ringen. Und die Wirklichkeit gebietet, das alte biblische Wort „Es werde Licht" in die Tat umzusetzen. Die Zedern haben zuerst daran glauben müssen, mit der Begründung, dass Elefanten in die Savanne gehören. Der stattliche Tulpenbaum durfte bleiben, da er auch günstig ein wenig abseits stand. Dass dieser Garten trotz Beseitigung der übermächtigen Nadelbäume ein Garten des Schattens bleiben würde, war uns von Anfang an klar. Da galt es nur, die weitreichenden, sonnenlosen Gartenräume mit kleinen und größeren Lichtflecken zu durchsetzen und Bewegung in dem zu flachen Gartengrund zu verwirklichen. Und noch: Wir wollten den Schatten auf den Sommer beschränken und ihn mit Lichtkringeln und mit ständigem Wechsel des Sonneneinfalles auflockern.

Viele denken, nur Rosen, Kugeldisteln, Schwertlilien, Kissenastern, Zinnien und Rudbeckien würden einen Garten ausmachen. Und überlassen die dunkleren Winkel und Ecken ihrer Gärten sich selbst. Wer aber zum ersten Mal bewusst die Pflanzen des Halbdunkels und der Dämmerung gesehen hat, die atemberaubenden Rhododendren, die mächtigen Horste des Waldgeißbartes, die zierlicheren Federbüsche der Astilben, die glanzvollen Blätter der Bergenien, die geheimnisumwitterten schlanken Kerzen des Fingerhutes und des Eisenhutes, der möchte nicht mehr darauf verzichten. Und so wurde auch der alte Garten mit dem Schatz des Schattenreichs angefüllt, mit königlichen Farnen, mit Kissen des zierlichen Lerchensporns, mit herzförmigen Blättern der Haselwurz, mit sternblättrigen Trieben des Waldmeisters, mit dem blauviolett blühenden Gundermann, den duftenden Maiglöckchen, den üppigen Hosten, mit strahlenden Goldnesseln und früh blühenden Christrosen bepflanzt. Efeu, Frauenmantel, Glockenblumen, Waldsauerklee wurden auf einem neu aufgeschütteten weitschweifigen Wall um Rosskastanien angesiedelt. Sie sollten Monat um Monat die überreiche Blüte von Poetennarzissen langsam in Vergessenheit geraten lassen. Unter den mächtigen Ahornbäumen kamen Hartriegel, Felsenbirne und Kornelkirsche; zu ihren Füßen ein dichtes Wäldchen an verschiedenen, der Größe nach gestaffelten Farnen.

Lichtungen mit Ausblick auf die hintersten Teile des Gartens* wurden durch Beseitigung einer Buche und einiger kleineren Ahorne geschaffen. Ihre Schönheit hatte sich aus Platzmangel nie voll entfalten können. Ganz hinten durften dann Rhododendren aufflammen. An herbeigeschafften Steinen setzte man Moose an; denn diese kleinen geheimnisvollen Gebilde wie Filzhaube, Spaltzahn, Kurzbüchse, Birnmoos, Hornmoos und Gemeines Beckenmoos wollen von der Nähe betrachtet werden. Der feuchteste Teil des Gartens kam mit ihnen endlich zu seiner edlen, dämmrigen Schönheit. In dieser stillen Welt gebot sich ein Plätschern von Wasser über Gestein, und man entschied sich für rauen Tuff und daraus wachsendem Venushaar. Aber ein rundes Bassin mit langen tröpfelnden Algenbärten wäre auch wunderschön gewesen. Die grünlichen Algenüberzüge der alten Bäume und die Flechten an Gestein und Mauerwerk konnten jetzt nicht mehr achtlos und lieblos übersehen werden. Hier erfüllte sich ein Traum aller Gärtner: Der Garten zeigte sich in der Fülle und Reife des ehrwürdigen Alters.

---

* Ein in Malerei und Architektur, natürlich auch in der Gartenarchitektur angewendetes Maß; der größere Abschnitt verhält sich zur ganzen Strecke wie der kleinere Abschnitt zum größeren Abschnitt. Tatsache ist, dass diese Regel in der Natur sehr oft vorkommt und dass sie den menschlichen Schönheitssinn aufs Angenehmste trifft.

* In der italienischen Gartenfachsprache heißen sie „Canocchiali", Fernsichten. Sie wurden jedoch nicht in Italien, sondern von Fürst Pückler-Muskau, einem bekannten deutschen Gartenarchitekten des 19. Jahrhunderts, erfunden.

„Farnsamen"

Elfen im Garten

Elfen tafeln auf Pilzen, tanzen im Mondenschein auf Baumscheiben und schlafen bei Tag in den Kelchen des Fingerhutes. Sie lieben den geheimnisvollen, von Sonnenkringeln durchbrochenen Halbschatten der Waldböden. Gestört, verstecken sie sich im Farnwedeldickicht. Einer meiner sehnlichsten Wünsche war, eine Kröte mit ihren goldgepunkteten Augen im Garten zu sehen. Dieser Wunsch ging in Erfüllung: Seit einigen Jahren schnurrt im Gebüsch ein Krötenmännchen hell und zärtlich Nacht um Nacht im Mai seinem Weibchen entgegen, ruht bei Tag unter feuchten Brettern am Brunnen, lässt sich zum Schrecken der anwesenden Freundinnen platschend vom Mäuerchen am Feigenbaum fallen, um uns dann unendlich weise schweigend von unten herauf zu betrachten. Der zweite bisher unerfüllte Wunsch ist, die kleinen, durchscheinenden Waldgeschöpfe, die Elfen, anzulocken. Ich habe alle ihre Vorlieben berücksichtigt. An der schattigsten Stelle meines Gartens wurde alles gepflanzt, was sie mögen. Viele Jahre ließ ich die Blätter zweier alter Kakibäume im Herbst liegen, holte mir auch die Nadeln der Atlaszeder, die die Nachbarin allmorgendlich vor ihrer Haustür zur Seite kehrt, und streute sie dazu. Erst als der Boden dem echten Waldboden ähnelte, wagte ich mich ans Pflanzen.

Waldstauden brauchen neben gedämpftem Licht auch den leicht sauren Laubmull, der sich langsam aus den herabgefallenen Blättern entwickelt. An der Mauer habe ich Hortensien wuchern lassen. Den Farnen wurde der feuchteste Platz reserviert. Trichterfarn und Wurmfarn haben sich in der Tat so prächtig entwickelt, dass ich sie voriges Jahr im Herbst nach hinten versetzen musste, da sie im Vordergrund jegliche Sicht versperrten. Um ihr Überleben zu gewährleisten, goss ich sie dann den ganzen Winter über. Die hohen Farne verdecken zum Glück die kläglichen Rhododendrenreste, die im alten Garten prächtig gediehen, hier aber beharrlich schmollend kundtun, dass sie das kalkhaltige

Gießwasser des neuen Standortes nicht mögen: Ich müsste sie nur kurz entschlossen zum Kompost werfen, aber es fehlt mir einfach das Herz dazu. Ich hege die unsinnige Hoffnung, dass sie vielleicht doch Vernunft annehmen.

Zwischen den Farnen und Maiglöckchen ist *Dicéntra exímia* wegen ihrer graublauen spitzenähnlichen Blätter angesiedelt worden: Elfen lieben alles Putzige. Die Dicentren blühen auch recht fleißig von Mai bis August. Der Horst von Maiglöckchen, die die heimlichen Waldbewohner so lieben, ist auch von kleinen Dreier-Gruppen von Nieswurz und Einbeere unterbrochen. Hier ist auch Platz für die Pfingstrosen, für die Waldrebe, für den Efeu. Auch der Fingerhut beginnt ansehnlich zu werden.

In Vollmondnächten begehe ich vorsichtig den kurzen Steig unter den Bäumen; biege Farnwedel zur Seite, die unaussprechliche und beunruhigende Namen tragen wie *Pterídium aquilínum, Onocléa sensíbilis, Gymnocárpium drióptem, Drióptem filis-mas, Phyllítis scolopéndrium*. Warum kommen sie nicht, die kleinen sirrenden Waldgeister? Ihre hinterhältigen Verwandten, die Kobolde, kratzen mir schon lange aus dem Rosengebüsch mit den scharfen Krallen die Waden blutig.

Englischer Rasen

„Als sie erwachte und wieder zu sich selbst kam, war sie auf einer schönen Wiese, wo die Sonne schien und viele tausend Blumen standen." So beschreiben uns die Brüder Grimm im Märchen der Frau Holle das Erwachen der fleißigen Marie nach dem verzweifelten Sprung in den Brunnen. Heute müssten wir das Märchen umschreiben: denn die Goldmarie würde zu unserer Zeit auf einer gleichmäßig dunkelgrünen Graslandschaft aufwachen. Die vielen tausend Blumen sind nämlich seit langem restlos verschwunden, weil die Bauern heute mit

Mineralsalzen düngen. Damit die Kühe dann dieses „sterilisierte" Gras verdauen und in Milch umwandeln können, haben besagte Bauern von den Fachleuten gelernt, dem Futter auch einige chemische Enzyme beizumischen; es fehlt nämlich die für den Kuhmagen notwendige Pflanzenvielfalt, die früher die Verdauung der Grasfresser auf natürliche Weise förderte. So sind alle zufrieden. Nur die Marie würde weniger freudig aufwachen.

Auf dem „englischen" Rasen in den Gärten hat sich die Vielfalt der Gräser noch drastischer reduziert. Wachsen auf der Futterwiese noch *Póa praténsis, Lólium perénne, Mélica nútans, Dáctylis gloneráta,* vielleicht auch *Phléum praténse, Cynosúrus cristátus, Festúca pratensis* und *Agropyron répens,* so wünschen sich Rasenbesitzer nur kurz wachsende Gräslein, die kaum gemäht werden sollen, so irgendein *Lolium* oder *Festuca*-Arten. Wir möchten selbstverständlich nicht zu jenen ewigen Nörglern gehören, die jede neuzeitliche Bestrebung verdammen. Wir erlauben uns aber, so genannte „englische" Rasenflächen einfach nicht zu mögen, weil sie zum Gedeihen mehr Chemie brauchen, als die explodierte Chemiefabrik in Seveso je freisetzen konnte.

Wir können jedoch für Unbekümmerte, die sich nicht um die Umwelt sorgen, gerne das Geheimnis eines makellosen „englischen" Rasens preisgeben. Wenn Sie nun wirklich einen perfekten samtenen, hellgrün leuchtenden, makellosen Rasen wünschen, müssen Sie nach England auswandern, wo das Klima gleichmäßig temperiert und auch im Sommer sehr feucht ist. Auch dort gibt es aber seit einigen Jahrzehnten ein paar Unannehmlichkeiten, so zum Beispiel die Tatsache, dass die Gärtner, die früher knielings jedes unpassende Kräutlein aus dem Rasen zupften, heute einen guten Jahreslohn, drei Wochen Ferien, Krankengeld und Abfertigung verlangen und sich nicht mehr mit den zwei Paar Hosen und mit dem Teller Suppe aus der Schlossküche zufrieden geben wie zur Zeit des britischen Empires. Und wie sagte dann jener Lord dem wissensdurstigen amerikanischen Selfmademan? „Wie wir den Rasen pflegen? Das ist ganz einfach: Man muss ihn säen, walzen, lockern, jäten und 200 Jahre lang regelmäßig wöchentlich mähen."

Blumenwiese

Ist Ihnen das Auswandern zu umständlich, müssen Sie hier bei uns das englische Klima rekonstruieren; dabei viel Wasser versprengen und Trockenheit absolut vermeiden. Dann müssen Sie Ihren „englischen" Rasen konsequent gegen unerwünschte Zuwanderung abschirmen: Samen von Gänseblümchen, Löwenzahn, Hahnenfuß und Wegerich lauern ständig darauf, sich häuslich darin niederzulassen. In diesem Fall müssen Sie mit selektiven Herbiziden hantieren. Weitere Feinde des „englischen" Rasens: spielende Kinder, wandelnde Freunde und natürlich auch übermütige Hunde. Da helfen nur drakonische Maßnahmen: das Betreten des Rasens strengstens untersagen. Kinder, Freunde und Hunde schafft sich aber ein echter Liebhaber des „englischen" Rasens von vornherein gar nicht erst an.

Von den Pflanzen im Friedhof

Das Verhältnis der Lebenden zu den Toten ist seit Jahrtausenden durch eine Ambivalenz aus tiefer Pietät und Liebe und großer Furcht geprägt; uralte ritualisierte Verhaltensweisen im Umgang mit den Verstorbenen haben sich bis heute ziemlich unverändert erhalten. Im Volksglauben ist der Übergang vom Leben zum Tod ein Schritt in eine neue Gemeinschaft. Das Grab wird die neue Wohnung des Verstorbenen. Nachts gehört der „Totenacker" nur den Toten; hier haben sie über die Lebenden Macht. Sie können böse und gefährlich, manchmal jedoch auch hilfreich sein.

Aus botanischer Sicht ist ein Friedhof ein Schlüssel zum Verhältnis der Lebenden zu den Toten und auch zur Ambivalenz, die dieses Verhältnis prägt. Hier finden wir jene Pflanzen wieder, die zu den Toten „sprechen" sollen oder die zur Unterwelt ein besonderes Verhältnis haben. Die Pflanzen müssen Gefühle wie Trauer, Gedenken und Liebe ausdrücken, dann Unsterblichkeit der Seele, den ewig währenden Schlaf und die Hoffnung auf Auferstehung symbolisieren. Sie sollen auch das Böse, das Unheimliche bannen.

Blumengaben in Form von Sträußen oder Topfpflanzen, die auch heute noch selbstverständlich sind, sind Ersatz für die Eigentumsopfer der Antike, als den Toten nicht nur Waffen und Gold, sondern auch Leibeigene, Frauen und Haustiere beigegeben wurden. Auch der Kranz ist wohl eines der ältesten Symbole: Ein in sich geschlossener Ring steht für die Ewigkeit. Er verhindert, dass die Seelen zu den Lebenden zurückgelangen können. Dorniges und Stechendes dient zur Geisterabwehr. Hier bieten sich Stechpalme, Kugeldisteln oder Akanthus an. Am Grab pflanzte man bis vor kurzem Holunder, Haseln, Palmkätzchen. Sie galten als Begleiter auf dem Weg zur Unterwelt, waren Übergang von der Welt der Lebenden zu jener der Toten. Zur „fuga daemonum", zur Vertreibung der Dämonen, wurden Johanniskraut, Farn, Eisenhut und Rittersporn besonders empfohlen.

Als Symbol des Schlafes galt seit je der Mohn: Mohnkapseln sind an Kreuzen und Steinen eine wiederkehrende Verzierung. Mohnsamen gab man auch den Toten mit in den Sarg: Die Seele war gezwungen, sie zu zählen und wurde so im Sarg festgehalten. Immortellen, die „Ewigkeitlen", waren seit je eine beliebte Grabpflanze. Den gelben Immortellenkranz sieht man auch heute noch hie und da: Gelb ist, neben Schwarz, Farbe des Todes. Katzenpfötchen, Amaranth und Hahnenkamm stehen für immer währendes Gedenken. Rosen stehen für Liebe, ihre Stacheln vertreiben Dämonen. Hauswurz lebt auch „ewig"; dem alten Germanengott Donar geweiht, bedeckt sie sehr dicht die ihr zugedachte Fläche, so dass kein Fleckchen Erde mehr sichtbar bleibt: So finden die „armen Seelen" kein Schlupfloch ins Diesseits. Auch ein Gitter oder eine pflanzliche Umsäumung am Grabhügel zwingen sie in Schranken, die sie nicht überschreiten können. Unsere italienischen Nachbarn bedecken das Grab mit einem Stein, um unerwünschte Wiederkehr abzuwehren. Laub, das nicht abfällt, symbolisiert ewig währende Liebe, doch schützt es auch gegen Zauber. Buchszweige nimmt der Trauernde zum Besprengen mit geweihtem Wasser. Efeu, Eibe,

Immergrün, Wacholder, Zypresse weisen nicht nur auf die Unsterblichkeit der Seele hin, sondern auch auf immer währendes Gedenken.

Der Hinweis auf Unsterblichkeit klingt sehr christlich, aber wir wissen, dass die germanischen Stämme sowohl Eiben als auch Wacholder in ihren Totenkult einbezogen hatten, Erstere wohl, weil sie giftig waren und aus ihnen Kriegswerkzeuge gemacht wurden, Letztere, weil sie Pflanzen waren, die den Unterirdischen nahe standen.

Pflanzen, die zum Himmel streben, erleichtern den Aufstieg in den Himmel: Die Jakobsleiter, eine hohe Glockenblume, und die Königskerze haben diese Bedeutung. Die Königskerze weist auch darauf hin, dass die Seele im Grab keine Ruhe findet; sie hat im Diesseits eine gute Tat unterlassen. Die Lebenden sollten für sie Gebete und Kerzen „opfern". Lilien auf Gräbern versinnbildlichen Reinheit, sie gehen von allein am Bestattungsort unschuldig Getöteter auf. Trauer bekunden alle Pflanzen mit hängendem Gezweig wie Trauerweide, Birke, Tränendes Herz.

Gartensorgen

Wer Sinn hat fürs Geometrische, liebt klare Abgrenzungen. Geometrisches schafft ein ruhiges Bild, bändigt die Natur in saubere Konturen. Wer aufräumen will mit der Anarchie des Lebens, der Unordnung des menschlichen Geistes, erfindet den barocken Stil. Barock im Garten ist der streng-geometrische Ausdruck einer Selbstverherrlichung des größenwahnsinnigsten, gewalttätigsten Systems, das in Europa nur mit der spanischen Inquisition sein Gleiches findet.

Ein bisschen Ordnung und Disziplin ist aber angenehm, wenn auf den Garten beschränkt und nicht gegen die Menschheit angewandt. So sucht die Gärtnerin seit langem nach einem Farbkontrast zu einer niedrigen dunkelgrünen Buchsrigorosität in strenger Reihe. Die soldatische Marschlinie des Buchses soll unterbrochen werden, und deshalb pflanzt sie quer zu ihm in geometrisch-barocker Erinnerung *Santolína chamaecyparis*, das silbriggraue Heiligenkraut. Das Experiment ist geglückt*, die entstandenen Rhomben werden im Frühling mit gelben und blauen Stiefmütterchen, im Sommer mit runden Margeritenbüschen, Mutterkraut, schlankem einjährigem Rittersporn und der sanftblauen Jungfer im Grünen aufgefüllt. Die allein aufgegangene Kapuzinerkresse wird geduldet, erstens weil sie – im Gegensatz zu früheren Jahren – nicht präpotent wuchert, und zweitens weil mit der Selbstaussaat ihr knalliges Gelb sanfter geworden ist. Mittlerweile blüht auch das Heiligenkraut schwefelgelb.

Wo vier runde große Buchskugeln in der Mitte des Gartens zum Quartett zusammenfinden, quillt das weiße Schleierkraut überreichlich und unordentlich über die dunkelgrüne Einfassung des Buchses. Nur Letzterer steht nach wie vor stramm; der Kontrast ist reizvoll. Findet die Gärtnerin. Jetzt ergibt sich ein neues Problem. Im Herbst werden zwar die Herbstastern an Schleierkrauts Stelle ihr Bestes geben wollen, aber das wird nicht genügen. Leere wird sich ausbreiten. Im Garten wirkt Leeres ungepflegt, weil Leere unnatürlich ist. Da ist der sonst reiseabholden Gärtnerin (nach Goethes Vorbild „... Was hat ein Gärtner zu reisen ...") ein ehemaliger Spaziergang in einer italienischen Parkanlage in Ligurien eingefallen, wo sich die Augen mit *Téucrium fruticans*, dem Gamander, füllten und die Nase mit seinem herben Duft. „Straff aufrecht, kompakt, sehr verästelt, wintergrün, ohne Ausläufer. Graugrünes, aromatisch duftendes Laub. Blüht hellblau vom Juli bis Oktober. Verträgt strengen Formschnitt. Liebt kalkhaltigen Boden und volle Sonne. Aus der Familie der Lippenblütler." Herz, was willst du mehr. So wird sie aus einigen – den kleinsten – hellgrauen Rhomben des Heiligenkrautes Halbkugeln aus graugrünem Gamander wachsen lassen. Ob das gelingen kann, weiß sie noch nicht. Vesuchen möcht sie's halt*.

* *Leider nicht ganz: Nachträglich darf ich dazu sagen, dass die Santolina nur drei Winter überlebte. Dann war's um sie geschehen.*

* *Gamander hat sie auch nie gefunden.*

Keine Pflanze lebt ewig:
Vermehrung der Pflanzen

Die fürsorgliche Gärtnerin, der betuliche Gärtner denken immer an die Vergänglichkeit, im Sinne dass auch Pflanzen nicht ewig sind und erneuert werden müssen. Der Gartenliebhaber kann im Laufe des Jahres darangehen, mit verschiedenen Techniken neue Pflanzen zu gewinnen, auf dass der Gartenschatz an Reichtum zunehme und nicht ruhmlos vergehe: Vermehrung durch Stecklinge, Ableger, Absenker und Steckholz bietet Gelegenheit, Kahlstellen des Gartens aus Eigenem zu begrünen oder den Bestand zu ergänzen.

Ableger und Absenker sind dem Prinzip nach sehr verwandt. Ableger entstehen durch das natürliche Bestreben der Mutterpflanze, am Holz oder an der Grünsubstanz, wenn mit Erdreich in Berührung, freiwillig Wurzeln zu treiben. Werden diese bewurzelten Teile später vorsichtig eingetopft oder versetzt, hat man neue Pflanzen gewonnen, die genau dieselben Merkmale der Mutterpflanze haben: Chrysanthemen und Hortensien können auf diese Weise im späten Frühjahr und im frühen Herbst leicht vermehrt werden. Absenker gewinnt man aus langen biegsamen Trieben, die nicht von der Mutterpflanze abgetrennt werden, sondern in ein Loch, das mit humusreicher Erde gefüllt wurde, versenkt und festgehakt wurden. Vor dem Versenken wird die Gerte an der Bugstelle mit Einschnitten, durch leichtes Aufspalten, mit Drahtschlingen oder durch Herauslösen von Rindenringen leicht blessiert. Die biegsamen Zweige werden mit humusreicher Erde bedeckt und feucht gehalten, bis sie an der verwundeten Stelle Wurzeln geschlagen haben. Auf diese Weise kann der Gärtner neue Pflanzen aus Brombeeren, Ribisln, Reben und einigen Immergrünen gewinnen. Absenker werden im Herbst oder vor dem Austrieb, im zeitigen Frühjahr, gelegt. Sie brauchen ein bis zwei Jahre zum Anwachsen.
Stecklinge werden streng voneinander unterschieden; es gibt Trieb-, Stamm-

und Kopfstecklinge. Triebstecklinge sind halbkrautige, beblätterte Triebe, die aus der Mitte eines Astes stammen und keine Gipfelknospe haben. Sie werden von der Mutterpflanze abgetrennt, mit Bewurzelungshormonen bestäubt, in sandig-torfige Erde gelegt und feucht gehalten. Viele Exoten und auch einheimische Gewächse können mit dieser Methode vermehrt werden. Triebstecklinge wurzeln schnell, wenn die Temperatur des Bodens 20° erreicht hat, also ab Mitte Juni bis Mitte August. Stammstecklinge wurzeln selten an, sind deshalb nicht für die Heimkultur geeignet. Kopfstecklinge sind die berühmten „Pelzer", die bekanntlich erst dann richtig anwachsen, wenn sie in einer Nacht-und-Nebel-Aktion von der Mutterpflanze abgetrennt werden, deutlicher: Wenn sie gestohlen sind. So will es die Tradition. Wir wollen vor diesen Vorgangsweisen tugendhaft Abstand nehmen. Hängenelken, Efeu, Pelargonien, Rosmarin und Oleander und andere, die ich nicht alle aufzählen mag, vermehren sich durch Kopfstecklinge. Da kann jeder selbst versuchen. Manchmal erleben die Gärtner dabei echte Überraschungen. Stecklinge wurzeln generell in einem Gemisch aus Sand und Torf am schnellsten und sollten zwei Wochen lang mit einem Plastiksackl bedeckt werden. Oleander und Rosmarinzweige wurzeln in einem mit Wasser gefüllten Glas. Nach einigen Wochen, wenn die Wurzeln deutlich sichtbar sind, werden die neuen Pflanzln mit höchster Vorsicht (die neuen Wurzeln sind sehr brüchig!) in einen zehn Zentimeter großen Topf umgepflanzt. Schaden tät's nicht, wenn der frischen Erde gleich Langzeitdünger beigemischt würde.

Lehrreiche Irrtümer

„Es irrt der Mensch, solang er strebt". Glücklich sind diejenigen, die bereits von klein auf ihre Fehler als Produkt einer besonderen Genialität auszulegen vermögen. Diese Leute werden, wenn sie erwachsen sind, Politiker. Aber nie Gärtner. Denn ihre Fehler sind Kritikern und gar Spöttern erbarmungslos ausgesetzt.

Hat sich beispielsweise eine Gärtnerin in eine prächtige Zeder vernarrt, die in einem Fünfundsechzig-Hektar-Park als stolzer Solitär steht, und will sie dieselbe Pracht auch im Gartl des eben erstandenen Reihenhauses wachsen lassen: Was ist die Folge? Nach zwanzig Jahren herrschen Dunkelheit und Feuchtigkeit in Küche und Kammer auch bei sommerlichen fünfunddreißig Grad im Schatten, das Haus ist erdrückt und zugedeckt von einem Ungetüm, das schon längst die Firsthöhe des Hauses überflügelt hat, der Boden ist unwiederbringlich von den ständig herabfallenden Nadelbergen versauert, die Zeder selbst ist schief geraten und dort, wo Licht und Luft schlecht hinkommen können, hässlich verkahlt. Die Nachbarn prozessieren, weil die Krone des Ungetüms auf die Dächer der anderen Häuser übergreift.

Darf ich auch einen meiner Fehler zitieren? Die zwei neuen Rosenstöcke am Zaun werden in zwei Jahren mannshoch sein und mannshoch wuchern. Warum habe ich sie nicht gleich weiter im Hintergrund angesiedelt? Bevor der Boden endgültig abfriert, werden sie umgesetzt. Das wird natürlich ihr volles Erblühen um ein paar Jahre verzögern ... Auch den Fehler jener Freundin möchte ich noch schnell anführen, die nur milden Spott und Achselzucken entgegenhielt, wenn sie zu Düngungen mit rein Organischem ermahnt wurde; jetzt steht sie bekümmert vor ihrer einst üppigen Staudenrabatte. Der Peitschenhieb des Mineraldüngers wirkte einige Jahre zwar prompt, doch die Rhododendren und eine kostbare Pfingstrose gingen eines Tages unerklärlich ein, im entstandenen Loch wollte auch teuer Nachgekauftes nicht mehr recht nach-wachsen; das andere Jahr traf es die buschig ausgewachsenen Astilben; die Aus-fälle mehrten sich, und das Beet wurde gnadenlos von jüngeren Mitgliedern der Familie zum „Flop" erklärt.

Ja ja, auch Einsehen bereitet einige Mühen. Aber Einsehen läutert den Charak-ter. Gärtner brauchen zu dieser Läuterung eigentlich nur ihre eigenen Notizen nachzulesen (auch Tagebuchführen verbessert den Charakter! Das Aufschrei-ben gärtnerischer Tätigkeiten erzieht zum Beispiel Ungeduldige zur Geduld, Eilige zum Verweilen, Zappelige zum Stillhalten, Vorschnelle zum Nachden-ken). So steht zum Beispiel seit Herbst 1967 in meinen Gartennotizen, ausge-schnitten aus einer Publikation: „Organische Düngemittel sind träge Ernährer, enthalten aber sämtliche Nährstoffe nebst Spurenelementen, laugen nicht aus und verseuchen nicht das Grundwasser. Sie verbessern den Humushaushalt und verbrennen nie." Woher ich diese elementare Weisheit hatte, kann ich mich nicht entsinnen. Als Gärtnerin steckte ich damals noch in den Kinder-schuhen. Was ich erst nach mehreren Jahren Irrgang mit Mühen selbst erarbei-tet habe, ist dann auch die Tatsache, dass Bodenmüdigkeit eintreten kann, wenn am selben Platz immer dieselben Pflanzen gepflanzt werden.

Nach englischem Vorbild:
blühende Beete in Weiß und Rot

Bisher fehlte der Platz. Nun ist im neuen Garten ein günstiger Ort gegeben: Der Traum eines blühenden Beetes nach englischem Vorbild scheint bei mir in Erfüllung zu gehen. Die neu gepflanzte Sichtschutzhecke ist so hoch, dass sie sich als ruhiger grüner Hintergrund anbietet. Ich muss also planend bedächtig und klug vorgehen. Auch alte Gartenhasen können bei englischen Blumenra-

batten grobe Böcke schießen: Es könnten zum Beispiel im Sommer durch Verblühtes „Löcher" entstehen, die Farben könnten sich „beißen" oder ein Gewächs könnte die anderen überwuchern. Zuerst geht es an die Farbenauswahl. Möchte ich Monochromatisches nach Sackville-West'schem Vorbild*?
Ich muss mit dem Marktangebot unserer Gärtner rechnen, die nur beschränkte Auswahl an Weiß-, Rot- oder Gelbblühendem haben (ein Gewächshaus bräuchte ich, dann könnte ich mir alles selbst säen).

Für ein rein weißes Beet könnte ich im Hintergrund, an der Hecke, hellen Fingerhut und eine weiß-rosa Spielart unseres Türkenbundes pflanzen. Einige weiß blühende Rosensträucher wie „Schneewittchen" von Kordes oder die „Pascali" würden das tragende Gerüst bilden: Rosa-weiße Astilben, kühl-weiße Glockenblumen, die cremig-weiße Spielart der Nachtviolen, könnten hinzukommen. In zweiter, vorderer Reihe könnte ich zartgrüne Farne, rosa überhauchte Storchschnabel und die weiß geränderten Blätter der Hosten platzieren. Im vollen Sonnenschein könnten die porzellanweißen Antoniuslilien ihre duftende Schönheit entfalten.

Aber auch ein gelber Grundton wäre für meine Blumenrabatte schön, da Gelbes auch bei der Veranda und bei der Hausmauer vorkommt. Gelb könnte plötzliche Lichtflecken vor dem dunklen Laub der dahinter stehenden Hecke aufleuchten lassen. Bei grauem Himmel würden gelbe Blüten aus der Trübe wie Scheinwerfer aufstrahlen. Gelb darf aber nicht allein bleiben, da sich sonst die Farbe leicht verwischt; so könnten neben graugelber Königskerze und rein gelber Nachtkerze blaue Glockenblumen und violett schäumender Lavendel ihre Farben erst richtig entfalten. Und will man Sonnenuntergangspracht heraufbeschwören, soll an dieser Farbenauswahl auch Zinnoberrot und Orange beteiligt sein, mit der *Rosa fóetida bícolor*, der *Euphórbia gríffithii*, der *Kniphóphia*, dem *Geránium cinéreum spléndens*, der *Achilléa filipéndula*, dem *Papáver orientále*, dem *Helianthéum* und dem *Thalíctrum*. Meine Freundin Helga rät praktischerweise zu pflegeleichten Tagetes und freundlichen Ringelblumen im Vordergrund. Nachwort: Es wurde die weiße Variante gewählt; zwei Jahre lang hielt ich durch, dann gab ich diese Art von Beet auf, weil die Arbeit einfach zu aufwendig ist.

* Vita Sackville-West, eine Gartenexpertin, die jahrelang im Observer eine Gartenkolumne hielt, gilt unter anderem auch als Erfinderin des „Weißen Gartens".

Ohne Zaun kein Garten: Hecken

Abgrenzungen gehören zum Garten, ohne Umfriedung existiert er gar nicht; den alten Germanen bedeutete das Wort „Gart" geschützter Ort. Gesinnungen und Ideologien unterscheiden die Menschen. Die Gesinnung des Besitzers eines Gartens liest bekanntlich jeder von der Machart des Zaunes ab. „Der Zaun ist die Visitenkarte des Gärtners", das hört man manchmal unter Insidern.

Es gibt Gärtner, meist Neulinge, die bestellen für den Schutz ihres Grund und Bodens einfach Maschendraht nebst Zementpfosten. Andere mögen Jägerzaun, meterweise. Belesene und Ästheten befriedigen nur verwitterte Holzzäune. Individualisten lassen eine Hecke drumherum wachsen. Aber Achtung! Auch da gibt es Hecke und Hecke: Der Kundige weiß sofort Bescheid. Der eine setzt dicht an dicht blaue *Chamáecyparis láwsoniana* oder goldgelbe Thujen, nennt sie Zypressen und freut sich, wenn sie eine undurchdringliche Mauer bilden. Der andere mag es altmodischer, pflanzt Buchs oder Eibe und wartet geduldig Jahre, bis seine Hecke so groß ist, dass der Hund nicht mehr mit einem Satz darüber hinwegprescht. Ökologisch Gesinnte bevorzugen Mischkultur, setzen rundum Weißdorn, Schneeball, Pfaffenhut, Berberitze, Hartriegel oder Kornelkirsche und warten freudig auf nistende Vögel. Ungeduldige Geister wählen rasch wachsende Hain- und Rotbuchen. Snobs stutzen diese mit der Schere zu skurrilen Schwänen, Sesseln, Kronen oder gar Schachfiguren.

Die Liebe zur Hecke begnügt sich nicht mit einer simplen Umfriedung: Im Garten können Hecken Räume schaffen und auch Räume abgrenzen. Der wirklich gebildete Gärtner schreitet nur durch ein Heckentor zu seinem Rosengarten. Und: wohin mit der schönen weißen Gartenbank? Na, wohl nur vor eine dunkle Eibenhecke, die genau an dieser Stelle eine umfangende Nische bilden muss. Unermüdlich sinnt der Gärtner auf Verbesserung. Dabei entstehen auch Unsicherheiten: Der Unerfahrene fragt sich zum Beispiel gleich im ersten Jahr, ob er seine frisch gepflanzte grüne Abschirmung düngen soll. Schnell wachsende Gehölze wie Hain- und Rotbuche, die auch starke Schnitte vertragen, brauchen regelmäßige Düngergaben. Guter alter Rindermist ist hier das Nonplusultra, Kompost und Knochenmehl tun es auch. Regelmäßiges Mulchen erhält die Bodenfeuchtigkeit und erhöht die Widerstandskraft der Hecke. Herabfallende Blätter und Heckenschnitt sollen immer unter der Hecke liegen bleiben, das gibt mit der Zeit Humus ab. Große, flache Steine halten die Erde am Fuße der Hecke ebenfalls schön feucht. Sie bieten allerlei Kleingetier Schutz und Behausung, dafür sind Igel, Vögel und Gartenkröte dankbar. Besonders Jungpflanzungen sind bei großer Hitze natürlich durstig. Das gilt klarerweise auch für Nadelgehölze. Hoffentlich wurde gleich am Anfang für eine Vertiefung für das Gießwasser gesorgt.

Hecken aus sommergrünen Gehölzen, wie Hain- und Rotbuche, sowie der wintergrüne Liguster erhalten den Hauptschnitt im Winter, also während der Vegetationsruhe. Ein zweiter Formschnitt erfolgt dann im Juli, wenn die Vögel ihre Brutzeit beendet haben, damit die Heckenschere die im Nest sitzenden Vögel nicht verscheucht. Der immergrüne Kirschlorbeer, *Prúnus laurocérasum*, kann ebenfalls im Winter geschnitten werden, schön säuberlich mit einer großen scharfen Handschere. Wird er nämlich mit elektrischen Scheren behandelt, entstehen an den gequetschten Blatträndern nachträglich hässliche braune

Flecken. Kirschlorbeer kann natürlich auch im Herbst oder sehr zeitig im Frühling in Form gebracht werden. Im Juli wird er dann ein zweites Mal nachgeschnitten. Bei Eibe oder Stechpalme, die sehr langsam wachsen, erübrigt sich fast immer ein zweiter Sommerschnitt.

Greift der Gärtner zur Heckenschere, soll er vor dem Beginn Latten aufstellen, damit der Schnitt gerade gerät und keine unästhetischen Wellenlinien entstehen. Trapezform ist der Geheimtipp für eine bis unten hin dichte grüne Hecke. Die Seitenwände der grünen Mauer sollen sich nach oben hin verjüngen, nie darf der obere Teil breiter werden als unten. Bei Lichtmangel sterben unten die Zweige ab. Kahle Bereiche am Boden deuten – o Schande! – auf Unerfahrenheit des Gärtners hin. An der Hecke werden – soweit sie ihre Form bereits erhalten hat – nur die neuen Jahrestriebe reduziert, um möglichst viele Knospen am alten Holz zum Austrieb anzuregen. Dadurch bildet sich eine dichte Verzweigung, die den Sichtschutz gewährt. Unklug ist, den Schnitt nicht regelmäßig alle Jahre auszuführen. Ist die Hecke aus der Form geraten, hilft nur ein rigoroser Rückschnitt bis ins alte Holz. Das vertragen aber nicht alle Pflanzen gleich gut.

Nadelgehölze wie zum Beispiel die Eibe regenerieren gar nicht; auch Thujen treiben, sind sie einmal verkahlt, ebenfalls kaum aus schlafenden Knospen. Unbedenklich zurückschneiden kann der Gärtner eigentlich nur heimische Straucharten und Viburnumvarietäten, die einen Bodenschnitt vertragen. Ein besonderes Auge brauchen streng geschnittene Buchshecken: Sie erfordern einen regelmäßigen Frühjahr-, Sommer- und Herbstschnitt, damit sie schön dicht bleiben. Beim Trimmen werden nur die jungen, krautigen Triebe gekürzt. Ins alte Holz sollte die Schere möglichst selten hineingeraten. Buchs darf auch immer nur bei trübem Wetter geschnitten werden. Die Sonne verbrennt sonst die Blätter, die bisher verborgen waren, und es entstehen hässliche braune Stellen.

Nachwort zur Buchshecke: Seit 1997 grassiert unter dem Buchs eine scheinbar ansteckende Krankheit; zuerst vergilben, dann sterben einzelne Äste ab und endlich ganze Pflanzreihen. Die Engländer behaupten, es sei eine aus Italien importierte Viruskrankheit. Doktor Luis Lindner von der landwirtschaftlichen Versuchsanstalt „Laimburg" schreibt darüber: „... Ob ein Virus die Ursache der Welkerscheinung war, kann ich nicht sagen. Normalerweise verursachen Viren keine Welke, sondern eventuelle Blattvergilbungen, Verunstaltungen usw. ..." Funktionierende Gegenmaßnahmen kennt man zurzeit keine.

Frühling
Im Hartung wird der Tag länger
Und der Winter strenger

Bergenien wachsen immer

Zehn Arten, und alle aus Asien stammend. Die erste Pflanze, die im achtzehn-
ten Jahrhundert nach England kam, war die Siberianische Bergénia crassifolia,
und die hat sich mit der Zeit dann in Europa selbstständig gemacht, die Botaniker sagen dazu: Sie hat sich naturalisiert. Die seit 1820 bekannte *Bergénia ciliáta*
stammt aus dem Himalajagebiet, wo sie auf „einstigen Brandstätten, Kahl-
schlägen und Alpenweiden besonders üppig gedeiht". Sie ist von den Züchtern
erst um die Jahrhundertwende ins Visier genommen worden. Die daraus entstandenen Hybriden, wie „Abendglut" und „Silberlicht", werden auch heute
noch angeboten.

Engländer kennen die Pflanze, die große glänzende Blätter hat, unter dem
Namen „Elefantenohr". Gertrude Jekyll, die große Dame des englischen
„Gemischten Beetes", liebte die Bergenie besonders innig; sie pflanzte sie meist
zusammen mit Christrosen und vorbehandelten Hyazinthen in große Schalen.
Sie liebte die dekorativen Blätter der Bergenien; die können nämlich wunderbar eventuelle „Löcher" im Beet in der Blütenfolge überbrücken. Bergenien
sind aber nie eine modische Pflanze gewesen. Dabei sind sie sehr dankbare Blüher. Im Tal öffnen sie sehr zeitig, bereits ab Mitte März, ihre Blüten und blühen
dann bis Mai. Im Herbst gibt's manchmal überraschend eine Nachblüte.

Bei mir wachsen Bergenien unter einer hohen Rosenlaube. Meine Mutter hatte
von einer Nachbarin einen so genannten „Pelzer" erhalten. Daraus entwickelte
sich mit der Zeit ein acht Meter langes Beet, weil Jahr um Jahr im Herbst einige
Rhizome weiterverpflanzt wurden, bis die erwünschte Länge erreicht war. Ich
habe dazwischen Schwertlilien gepflanzt, *Íris germánica*; ich finde den Kontrast
zwischen silbrigrosa Bergenien- und dunkelblauen Irisblüten reizvoll, und auch
den Anblick der breiten, flachen, auf dem Boden liegenden Blätter der Bergenien und der schmalen, spitzigen, nach oben zeigenden Blätter der Schwertlili-
en finde ich optisch gelungen. Die friedlichen Bergenien sollte man in Ruhe

lassen: Unruhige Gärtnerhände stören ihre stetige und freundliche Entwicklung. Bergenien sind mit jeder Erde, jedem Plätzchen zufrieden; am liebsten gedeihen sie im Halbschatten, auch unter Sträuchern und Bäumen. Äußerst genügsam, nehmen sie mit dem vorlieb, was ihnen geboten wird. Nur Nässe und Feuchtigkeit mögen sie nicht. Gelegentlich wäre ihnen recht, dass jemand die älteren Rhizome mit fetter Misterde bedeckt. Die Rhizome drücken sich nämlich mit der Zeit an die Oberfläche. Zu jeder Zeit kann ein Wurzelteil aus der Erde geholt und in ein anderes Beet verpflanzt werden: Eilends wurzelt er und treibt Blätter. Wenn das vorsehend im Herbst geschah, kriegt die neue Pflanze bereits im nächsten Frühjahr ansehnliche Blüten. Wer seine Gartenlust am Balkon oder auf einer Terrasse ausleben möchte, kann Bergenien in flachen Behältern ziehen. Gute Drainage und Halbschatten sind erwünscht. Sünden wie Wassermangel und Schlampereien beim Umtopfen werden großzügig verziehen. Es braucht einer nicht über den berühmten grünen Daumen zu verfügen: Bergenien wachsen wirklich immer.

Waldreben heißen auch Gänsemord

Die Echte Waldrebe, *Clématis vitálba*, aus der Familie der Hahnenfußgewächse, ist eine hartnäckige, zähe Mitbewohnerin unserer Hecken. Vom Wind ausgesät, fasst sie zwischen den Sträuchern energisch Fuß und ist daraus fast nicht mehr zu entfernen: Sie klettert ungestüm, macht sich in luftiger Höhe auf den Kronen der Büsche breit, erstickt alles, was sie mit ihren weit laufenden Armen umfangen kann. Gezüchtete Waldreben, *Clematis florída*, *flámmula*, *macropétala* und wie sie alle heißen, sind ebenfalls gewandte Kletterer, eifrige, großartige Blüher, erfolgreich eingesetzte Begrüner von Spalieren, Pergolen, Gemäuer. Sie blühen immer an den höchsten Zweigen, der Sonne entgegen, genau wie ihre gemeineren Verwandten. Das muss bei der Planung und bei der Pflanzung bedacht werden, sonst kann es passieren, dass nur die vorbeiziehenden Vögel die stolze Pracht der Blüte bewundern können.

Seien die Waldreben nun spontan oder gezüchtet, liebenswert sind sie immer, wenn sie nicht gerade – wie die oben zitierte Echte – in unserem gehüteten Garten-Gesträuch allzu präpotent Fuß fassen wollen. Auf Feld und Flur lassen wir sie gerne gewähren. Die zarten, duftenden, hellgelben Blütenbüschel, die im Frühling die Ranken der Echten Waldrebe überziehen, haben in England der Pflanze den Namen „Traveller's Joy", des Wanderers Glück, eingebracht. Im Herbst plustern sich die hellgrauen Samenstände wie kitzelige silbergraue Bärte auf.

Einen hässlichen Maschendrahtzaun kann die Vitalba mit ihren rankenden Blattstielen und ihren tanzenden, geringelten Ausläufern in ein lebendes Kunstwerk verwandeln. Der Namen *Clématis* stammt vom Griechischen „klema", Rebe, ab. In England hat sie, zusätzlich zu dem bereits erwähnten, andere pittoreske Namen: Old Man's Beard, des alten Mannes Bart, Grandfather's Whiskers, Opas Schnauzbart, Snow in Harvest, Schnee auf der Ernte; in Deutschland und Österreich heißt sie Brennkraut, Gänsemord, Hotten, Lirschn, Teufel- oder Waldstrick; in Italien nennt man sie auch „Viorna", von „vias ornans", Straßenschmuck. Eine der Bezeichnungen in Frankreich, „Herbe au guest", erinnert an eine besondere Verwendung dieser Pflanze seitens der Berufsbettler. Sie rieben sich mit dem ätzenden Saft der Waldrebenblätter ein und bekamen davon hässlichen Hautschorf oder sogar offene Wunden. Wie so oft in der Natur paart sich also Anmut mit einer ausgesprochenen Giftigkeit; die Pflanze enthält Anemonin, ein gefährliches Alkaloid, und Clematidol, eine kampferähnliche Substanz. Die Zugehörigkeit zur Familie der Hahnenfußgewächse sollte immer aufhorchen lassen und zur Vorsicht mahnen.

Die Clematis ist um 1500 in die Gärten eingezogen; die Engländer waren die Ersten, die ihre Schönheit im Ziergarten nutzten. 1785 zählte man vier Varietäten: blau, rot, purpurn und purpurn-doppelt blühende (heute finden wir in den

Erwerbsgärtnereien nicht viel mehr als damals, höchstens sechs bis acht Spielarten). Im Jahre 1872 aber gab ein englischer Waldrebezüchter, George Jackman, eine Monographie über Waldreben heraus, „The Clematis as a Garden Flower", in welcher bereits mehr als 200 Varietäten illustriert waren. Man bedeckte damals ganze Beete mit Clematis, indem man die Triebe am Boden festgabelte. Man zog sie auch, wie heute, an Spalieren und an Mauern hoch. Schon damals warnten die Liebhaber vor einem fatalen Hang dieser Kletterin: Aus ungeklärten Gründen, ohne Vorwarnung und über Nacht, besonders im Frühling, können gezüchtete Waldreben plötzlich eingehen. Spezialisten vermuten, dass die Ursache eine Viruskrankheit ist, die jene Exemplare angreift, welche auf eine Unterlage von C. viticella gepfropft sind.

Von den einheimischen wild wachsenden Waldreben gefällt mir die zarte *Clematis alpina* besonders gut. Sie wächst bis fast zur Baumgrenze auf unseren Bergen und erblüht im Juli, sich oft an alten verwitterten Baumstrünken hochziehend, sanft taubengrau am Unterholz. Schade, dass sie in freier Natur nur drei, höchstens vier Blüten produziert. Wegen der Beschaffenheit der Blütenblätter sprechen ihr manche Botaniker die Familienzugehörigkeit ab, wollen sie *Atragéne alpína* nennen. Die Clematis, die bereits im April reichlich in unseren Gärten blüht, ist die blassrosa bis weiße *Clematis montana*; sie bringt eine solche Masse von Blüten hervor, dass sie von weitem wie ein rosarotes Polster aussieht. Auch duftet sie nach Vanille wie eine Tafel Milchschokolade. Sie stammt aus dem Himalaja und wurde 1831 von Lady Amherst nach Europa gebracht. Es gibt andere Waldreben, die Duft entfalten, die *Clematis armándii*, – nach Mandeln und Honig –, die *Clematis crispa* – nach Orangenblüten – sowie die *Clematis argentilúcida*, die *Clematis x aromática* oder die *Clematis campaniflóra*. Gesehen, geschweige denn beschnuppert habe ich keine von diesen, außer der *Clematis armandii* und der *Clematis montána*, welche sich an unserer Veranda hochhievt. Mein Wissen über den Duft dieser Kletterer stammt aus der Fachliteratur*. Liebhaber finden bei uns im Handel sehr selten andere Waldrebenvarietäten, außer der ewigen großblumigen *Clematis jackmánnii*. Eigentlich schade. Denn nichts ist so blühfreudig wie eine Clematis. Und sie lässt sich leicht zu Höchstleistungen bringen, wenn der Gärtner einige Grundregeln beachtet.

Waldreben sind Unterholzpflanzen, brauchen also sehr lockeren, humosen, reichen Waldboden. Wer seiner Waldrebe Gutes tun will, gedenkt ihrer im Herbst mit einer reichlichen Gabe reifen Mistes. Ihr Fuß soll immer kühl und dämmrig liegen, also von anderen Pflanzen beschattet werden. Auch große Steine oder Holz können Schutz bieten. Die Waldrebe blüht immer der Sonne entgegen, nie nach unten: darum Achtung! Verwendet ein Gärtner eine Clematis zur Begrünung einer Terrasse, wird ihre Blüte nur von den Bewohnern der oberen Stöcke des Hauses und von den Vögeln gesehen. Pflanzt man eine Waldrebe, muss ein geräumiges Loch gegraben werden, denn der Wurzelhals der Pflanze sollte von mindestens einer Spanne Erde bedeckt werden. Sofort sollen dann die extrem brüchigen Triebe einen Halt bekommen, denn es werden große Blatt- und Blütenmassen produziert, die besonders im nassen Zustand ein ziemliches Gewicht zustande bringen. Wichtig für eine reiche Blüte ist der Rückschnitt, der bei der *Clematis jackmanii* im Februar erfolgen soll, und zwar sehr streng, fast bis zur Basis der Pflanze. Bei der *Clematis montana* hingegen muss man die Blüte abwarten und erst nach dem Verblühen kupieren. Aber über den Schnitt all dieser Schönen raufen sich die Experten seit Jahren. Meine eigenen lasse ich wachsen und schneide sie nur, wenn sie zu wild wuchern.

Möchten Sie Ihre Lieblings-Waldrebe vermehren, können Sie es durch Stecklinge versuchen: Im Juni-Juli werden halb verholzte Triebe abgeschnitten, mit Hormonpulver bestäubt und in ein feuchtes Sand-Torf-Gemisch versenkt. Gut ist, Weckgläser darüberzustülpen. Innerhalb einiger Wochen könnten die Stecklinge Wurzeln getrieben haben.

Abschließend noch eine Kuriosität: „Die dürren Stängel, die von großen Gefäßen durchzogen sind, liefern, in Stücke geschnitten, den Knaben im Herbste die ersten Zigarren", schreibt Heinrich Marzell.

* „Il libro dei fiori" von Ippolito Pizzetti, Garzanti, 1976.

Gänseblümchen

Gänseblümchen sind englisch

Wieso ist die Gärtnerin der Meinung, dass Gänseblümchen englisch sind? Diesen Irrglauben hegt sie auch gegenüber Primeln, Wicken und gewissen Nelkensorten. Wahrscheinlich wegen der hübschen Abbildungen dieser Blumen in einem alten englischen Gartenbuch, das ihr als Kind bei den Großeltern an regnerischen Nachmittagen zur Verfügung stand. Wer zuerst den englischen Namen und erst später den deutschen Namen einer Blume gelernt hat, pflegt eben tief verwurzelte Vorurteile zu haben. Der Federfuchser hat in seiner Kolumne für die Reinheit der deutschen Sprache ganz Recht: Die Schlacht ist gleich verloren, lässt einer seinen Schild nur „a bit" sinken. Die Germanen sagen übrigens Tausendschön oder Maßliebchen zum kleinen Blümchen, das sind auch hübsche Namen.

„Daisies can be seen strewn over the decorated pages of missals and books of hours throughout the medieval period", Gänseblümchen können wir während des gesamten Mittelalters ausgestreut über die dekorierten Seiten der Kirchenbücher oder Stundenbücher, das waren Gebetbücher, sehen; Daisy, Daeyseye, Bonewort, Brusewort sind andere englische Namen für das weiße Wiesenäuglein; die zwei letzten weisen auf eine heilende Wirkung der Pflanze hin. Eine Sorte heißt „Hen and chicken Daisy", Henne mit Küken, weil sie unter der Hauptblüte andere winzige Nebenblüten treibt. Diese Sorte ziehen die Angelsachsen in Töpfchen auf Augenhöhe, denn sonst übersieht fast jeder die charmante Eigenart einer zarten Nebenblüte. Auch sonst kümmern sich Engländer rührend um ihre Daisies: Sie züchten neue, plaisirvolle Exemplare, sie bewahren und listen die alten Sorten auf, die überall schon längst verschwunden sind, wissen eigentlich und überhaupt viel mehr als wir Tiroler. Der Federfuchser möge mir verzeihen. Die uns bekannten Gänseblümchen, *Béllis perénnis* aus der Familie der Korbblütler, wachsen verwildert in allen Parkanlagen Europas. In

Rom blühen sie schon ab November, in Hamburg verkünden sie gegen Ende März das Weichen des Frostes, um dann, weil es dort so kühl bleibt, mehrere Monate lang weiterzublühen. Gänseblümchen in ihren modernen, gefüllten, gärtnerischen Sorten wären Blumen für barocke Großzügigkeiten, weil sie Farbmasse bilden. Sie brauchen feuchte Luft, niedrige Temperaturen, viel Wasser. Sie sind in Weiß, Zartrot und Weißrot erhältlich. Oft duften sie wie ihre von Gänsen getretenen einfach blühenden Verwandten vom Land: Duft kann eben auch trotz Gänsemist bestehen. Die kleinen Hübschen sind beliebte Lückenfüller, genügsam, bescheiden und darum – leider – oft vergessen.

Wild kommen sie, wie gesagt, auf Weiden vor, der Boden ist dort lehmig und gut gedüngt. Wird es ihnen dann zu heiß, ziehen sie das Laub ein. Säen kann sie der Liebhaber im Juli und im August: die Wildarten gleich an Ort und Stelle, die Hybriden in Säkistchen; Samen gehen in der Regel nach drei, vier Tagen auf. Pflanzen erhält man auch durch Teilung alter Bestände. „The only other interesting species to make it over the garden wall is Bellis rotundifolia", also über die Gartenmauern sind nur die gefüllten Sorten der *Bellis rotundifolia* gelangt. Beim Übersetzen hat die Gärtnerin unbeabsichtigt einen englischen Denkanstoß erhalten: Wie mögen Gänseblümchen zwischen den Steinritzen einer niedrigen Gartenmauer wohl aussehen?

Geißklee verheißt Kindersegen

Geißklee steht im April in vielen Erwerbsgärtnereien bereits in vollster Blüte. Vor kurzem habe ich zwei schwefelgelb blühende Bäumchen bewundert, die schönsten, die ich jemals sah. Die Varietät, die zur Osterzeit zum Verkauf angeboten wird, ist wohl eine Kreuzung von früh blühenden Sorten. Es hat mich viel Überwindung gekostet, die zwei Bäumchen nicht gleich mitzunehmen.

Der Cytisus, so heißt der Gelbblühende für die Botaniker, wird manchmal auch von Fachleuten mit dem Ginster verwechselt. An sich ist das keine botanische Todsünde, nur eine von den lässlichen, denn beide, Ginster und Geißklee, stammen aus der Familie der *Leguminósae*. Auch heißt der *Cytisus scopárius* zu Deutsch Besenginster und ist doch ein Geißklee. Der lateinische Name wird von Cythnus, einer griechischen Insel, abgeleitet, die heute Thermia heißt. Der Geißklee wächst aber in vielen Teilen Europas spontan. Nördlich von Kufstein glaubte man früher, dass ein reiches Blühen des Besenginsters viel Kindersegen verheiße. Wegen der gelben Blüten schien er den mittelalterlichen Heilern – nach den Grundsätzen der Sympathieheilkunde – als Mittel gegen Gelbsucht, Harnverhaltung und Wassersucht geeignet. De facto enthält die Pflanze verschiedene Alkaloide, darunter Spartein, Melanin, Cytisin; Letzteres wirkt auf Blutgefäße verengend. Die Alkaloide sind jedoch in solch geringer Menge vorhanden, dass man die Pflanze nicht als giftig einstufen kann.

Die Geißkleepflanzen, die in den Tiroler Erwerbsgärtnereien für den Ziergarten angeboten werden, sind robuste, problemlose Gewächse, die mit unserem eher rauen Klima gut zurechtkommen. Sie wollen nur sehr sonnig auf durchlässigem Boden stehen. Kalk im Wasser und im Boden ist aber nicht so recht ihre Sache. Um den Boden sauer zu erhalten, müsste die Erde alljährlich mit Holzabfällen und Tannennadeln vermischt und mit Rindenmulch bedeckt werden. Die Engländer, die sonst auf diesem Gebiet Vorreiter sind, haben den Geißklee lange nicht beachtet, weil er in England ja überall wild wuchs. Erst von der Mitte des 18. Jahrhunderts an wurde er – anfangs zwar zögerlich – als Zierpflanze verwendet. Dann züchtete man in den Kew Gardens bei London aus Exemplaren, die aus Spanien, Portugal und Marokko kamen, viele Hybriden. Einige dieser Hybriden bekamen den Duft der Ursprungspflanze mit.

Nicht immer blüht der Geißklee gelb. Der *Cytisus dallimórei*, der *Cytisus álbus*, der *Cytisus scoparius Firely* blühen respektive rosa, weiß und scharlachrot. Es gibt auch zweifarbige Züchtungen, die von der Nähe besehen hübsch sind, von weitem mir aber verwaschen vorkommen. Zweifarbige Pflanzen sind im Garten immer mit größter Vorsicht einzusetzen. Hier sehe ich die Regel wieder bestätigt. Geißklee kann der Amateur eigentlich selbst vermehren: Halb verholzte Stecklinge, die im Juni, Juli geschnitten werden, bewurzeln verhältnismäßig leicht in einem Gemisch aus Sand und Torf. Der Bewurzelungsprozess währt ungefähr fünf Wochen. Die gewonnenen Pflänzchen werden kühl, hell und luftig überwintert. Viele Kreuzungen sind, wie bereits erwähnt, winterhart. Unser *Cytisus práecox*, der Elfenbeinginster, von dem ich eingangs sprach, ist es sicher nicht. Er muss den Winter geschützt und hell verbringen. Das allein war es, was mich vom Kauf abgehalten hat.

Glyzinien können nerven

Kinder halten sich selten im Garten auf. Es gibt schönere Spielplätze. Sie treten zwar gerne in frisch bestellte Beete oder graben darin hingebungsvoll mit der neuen roten kleinen Schaufel tiefe Löcher verziehen sich jedoch maulend und grummelnd, weil eine mütterliche „Tachtel" sie aus dieser konzentrierten Arbeit aufgeschreckt hat.

Am eigenen „Kinderbeet" läuft auch nicht alles so, wie das kleine Menschlein es möchte: Radieschen kommen zum Beispiel sehr, sehr langsam voran; sie jeden Tag aus der Erde zu ziehen, um Fortschritte beobachten zu können, scheint den Radieschen überhaupt nicht zu behagen. Größer gewordene Kinder wittern sofort die Gefahr – ist im Hausgarten der weibliche Elternteil in der Nähe –, zu lästigen Handlangerdiensten hinzugezogen zu werden, zum Jäten, zum Steineauflesen, zum Ribislklauben, lauter unsinnige, schweißtreibende und fade Arbeiten, gewürzt mit unüberhörbaren guten Lehren, an denen alle Nachbarn teilnehmen. Peinlich. Auch junge Erwachsene haben für Gartenarbeit selten Interesse. Sie verspüren wenig Lust, auf unsicheren späteren Lohn zu warten. Geduld ist eine Tugend des Alterns.

Ich habe meinen eigenen Nachkommen nur einmal ein Beet im Garten gewährt: Das änderte sich, als am Tag nach einer Gelbrübenaussaat unser Ältester schrecklich losbrüllte, weil überhaupt keine Gelbrüben gewachsen waren. Sein Vater holte darauf Karotten aus dem Supermarkt und versenkte sie heimlich ins Beet. Die Affäre erboste mich gleich doppelt: Einmal fand ich den Fratz unerträglich präpotent, zum Zweiten ärgerte ich mich über den allzu nachgiebigen Vater. Warum eine so lange Vorgeschichte? Weil ich gestern selbst mit einem Anflug kindlicher Ungeduld vor meiner Glyzinie stand, die vor mehreren Jahren am Glashaus unter dem Balkon gepflanzt worden ist. Sommers wächst sie zügig, zum Blühen hat sie aber keine Lust. Ich weiß, dass es noch lange Jahre dauern wird, bis die ersten Blütentrauben erscheinen.

Glyzinien brauchen lange Anlaufzeiten. Es ist ratsam, gleich größere Exemplare zu erstehen, so verkürzt sich die Wartezeit um einige Jahre. Gut ist es, wenn man vor dem Kauf erfährt, dass es früh blühende und spät blühende Varietäten gibt; die *Wistéria sinénsis*, eine Chinesin, ist die Frühblüherin, die *Wisteria floribúnda* aus Japan erblüht zwei Wochen später. Wie hält der Laie sie auseinander, wenn sie gerade nicht blühen? Bei der Chinesin winden sich die Ausläufer im Uhrzeigersinn, bei der Japanerin drehen sie sich von rechts nach links. Damit die ach so kurze Blühzeit um einiges verlängert wird, kann man die zwei Orientalinnen zusammenpflanzen. Am schönsten finde ich die Melange von hell blühenden mit dunkel blühenden Varietäten. Glyzinien mögen sandigen Boden und kräftige Mistgaben im Herbst. Im Frühjahr schneidet man jeden Zweig auf zwei Augen zurück; im Juli und im August muss ein zweiter Schnitt erfolgen. Der Überschuss an Blättern muss weg, um das Holz zu kräftigen.

Glyzinien im Kübel finde ich nicht besonders schön, auch missfällt mir ein frei stehendes Glyzinienbäumchen mitten im Rasen: Die eigentliche Blütezeit ist sehr kurz (im Kübel muss sie erzwungen werden), und so interessant find' ich das stumpfe Laub nun auch wieder nicht, dass ich es monatelang als Blickfang möchte.

Kamelie

Kamelien sind schwierig

Die Gewächse in unseren Gärten stammen nicht alle aus einer einzigen Gegend der Erde. Viele kommen aus Ländern, deren Klima- und Bodenverhältnisse anders sind als bei uns. Viele „Zuagroaste" passen sich an. Aber andere wollen dasselbe wiederfinden, wie sie es in ihrem Ursprungsland hatten. Passiert das nicht, geht's im Garten peinlichst daneben. Pflanze ist nicht gleich Pflanze. Beispiele dazu? Schatten liebende Pflanzen gehören nicht in die pralle Sonne, Steppenpflanzen nicht in fette Beeterde. Moorpflanzen gedeihen nicht im kalkhaltigen Boden. Tropische Pflanzen vertragen keine Kälte. Und so weiter.

Korrekte Information über das Herkunftsland, im Besonderen über dessen Klimaverhältnisse und über das natürliche Umfeld unserer gerade erworbenen Pflanzen, ist der Grundstein zum Erfolg in der Gartenarbeit. Hat sich der Gartenliebhaber sattelfest ausgebildet, so schreite er beruhigt zum Kauf: Da kann nichts mehr schief gehen. Wer in Südtirol einen Garten anlegt, sollte wissen, dass er von Pflanzen, die in ihrer Heimat auf saurem Boden leben, lieber die Finger lassen sollte. Kamelien, Rhododendren, Azaleen, Erika, Magnolien und Gardenien wachsen alle auf sauren, stets feuchten Böden. Für sie eignet sich also nur ein Moorbeet, sie dürfen nur mit Regenwasser begossen und mit Spezialdüngern gedüngt werden, was alles mit Mühen und großen Ausgaben verbunden ist. Dies diene als Vorwarnung.

Und nun zum eigentlichen Thema, zu den heute wieder so beliebt gewordenen Kamelien, botanisch *Caméllia*. Der Gärtner findet sie in ungezählten Hybriden, nur sehr selten mehr in ihren Ursprungsformen. Es gibt mächtige englische Kamelienvereine, die sich ununterbrochen mit ebenso mächtigen amerikanischen Kamelienvereinen in die Haare geraten; die Mitglieder des englischen Vereines sprechen nicht mit dem amerikanischen Verein und umgekehrt. Wenn aber doch über das feindliche Lager ein Wort fällt, dann geschieht das nur in bebender Verachtung. Es wird nämlich gemunkelt, dass die Mitglieder des anderen Vereines aus den Sämlingen alter Sorten in vergessenen Parkanlagen heimlich neue Pflanzen züchten, und die würden dann widerrechtlich mit einem neuen Namen versehen: Grund genug, um sich gegenseitig anzugiften, wie's sich halt in anständigen Vereinen gehört. Wir, weil wir sehr weit weg und deshalb darüber erhaben sind, wollen nur wissen, wie mit Kamelien umzugehen ist.

In seinem Buch „How to Grow Camellias" beschreibt der Direktor der American Camellia Society, David Fetherrs, das richtige Terrain eines Kamelienhaines. Ich zitiere: „Ihr geht auf einen Teppich von verrottenden Blättern und Zweigen, schiebt diese Schicht mit dem Fuß beiseite und entdeckt die darunter liegende Erde. Ihr seht sie hier, braun, wo die Rotte noch nicht vollendet ist, und schwarz dort, wo der Boden bereits durchkompostiert ist. Die Erde, die ihr in die Hand nehmt, lässt sich nicht zusammendrücken. Fällt sie wieder zu Boden, zerbröselt sie. Nordseits schützt ein kleiner Hügel die Pflanzen vor dem eisigen Wind und hilft Feuchtigkeit sammeln; viel Regen, genügend Luftzirkulation, und sehr durchlässigen Boden ... hier leben unsere Kamelien."

Wenn diese Schilderung – mit gerade dieser Feuchtigkeit, diesem Windschutz, dieser Bodenbeschaffenheit samt schützendem Hügel – genau mit der Beschaffenheit des hauseigenen Gartens übereinstimmt, so eile der Leser und kaufe sich Kamelien. Eine schönere Gartenpflanze gibt es nämlich wirklich nicht.

Die „japanische Rose", so wurde die Kamelie auch genannt, kennt man in Europa seit 1700, seit der Zeit, als der Botaniker Engelbert Kämpfer die erste Beschreibung aus Japan nach Europa schickte. Wer aber regulären Import betrieb, war die East India Company, die für große europäische Züchter nach exotischen und noch unbekannten Pflanzen fahndete und damit sehr gut verdiente. Josephine Beauharnais war die Erste, die diese Pflanzen in ihrem Garten zog. Kamelien waren im vorigen Jahrhundert eine Modeblume. Die durch den Roman von Dumas bekannt gewordene „Kameliendame" hat wirklich in Paris gelebt und hieß Alphonsine Plessis. Als sie erst zweiundzwanzigjährig verstarb, wurde ihr Sarg mit ihren Lieblingsblumen, eben den Kamelien, bedeckt. Den

Grad ihrer Beliebtheit in der Pariser Demimonde versteht der heutige Zuhörer erst, wenn er erfährt, dass der Preis einer Blüte damals dem eines türkischen Teppichs entsprach. Eine normale Durchschnittsfamilie konnte mit diesem Geld bequem ein halbes Jahr leben. Die Glashäuser von Petersburg waren um 1850 weltbekannt: Ein Gärtner namens Jakob Seidel hatte 1834 fünftausend Pflanzen aus Danzig nach Russland geschickt. Es ist überliefert, dass Petersburger Damen gut vierhundert Rubel bezahlten, um ihr Ballkleid mit einer Blüte zu schmücken. Die große Zeit der Kamelien ist seit Anfang dieses Jahrhunderts ausgeklungen. Reste der verflossenen Herrlichkeit können wir aber noch im Tessin und am Lago Maggiore erahnen, wo die baumhohen Sträucher frei wachsen und keine Pflege brauchen. Auch in England scheint die Pflanze sich wohl zu fühlen: Alice M. Coats berichtet, dass heute noch die Besucher vor einem besonders prächtigen Strauch in einem Garten in Cornwall regelmäßig den Hut abnehmen. Von der Gattung *Caméllia* sind ungefähr achtzig Arten bekannt. Sie gehört – wie der Teestrauch – der Familie der *Ternstroemiaceae* an. In China wird die Kamelie seit dem neunten Jahrhundert vor unserer Zeitrechnung gezüchtet. Was uns vielleicht besonders interessieren könnte, ist der Fakt, dass nur die Camellia sasánqua und die Camellia sinénsis duften. Von der Schönen erwirtschafteten die modernen Züchter zahlreiche Hybriden.

Bevor Sie, geschätzte Gärtnerin – alle Vorwarnungen in den Wind schlagend – zum Kauf schreiten, sollten Sie wissen, dass Kamelien sehr langsam wachsen: Sie erreichen in knapp dreihundert Jahren gerade fünfzehn Meter Höhe. Dann sollten Sie bedenken, dass Sie keine Exemplare kaufen sollten, die zu lange in einem Topf geblieben sind; die verflochtene Wurzelwirrnis hemmt sie im Wachsen. Wichtig ist das Wissen um ihren großen Wasserverbrauch, dass sie aber auch Staunässe fürchten, dann dass sie eher sparsam gedüngt werden sollten und dass der Regen die Blüten unschön zum Faulen bringt. Bei uns regnet es zur Blütezeit im April regelmäßig und immer. Ferner vertragen sie niedrige Temperaturen überhaupt nicht. Meine zehn Jahre alten Kamelien sind im eiskalten Winter 2001/2002 jämmerlich erfroren.

Kornelkirschen sagen den Frühling an

Gegen Ende Februar, wenn es die Gärtnerin in den Fingern kribbelt und sie nur graben, düngen, hacken und schneiden möchte, schneit oder regnet es. Sie kann, wenn das schlechte Wetter gar nicht enden will, echt grob werden, halblaut grummelt sie Sauwetter!, Dreckskält'!, Sch...wind, elendiglicher! vor sich hin. Unsere Ursprache gibt beim Schimpfen ordentlich was her. Am liebsten würde sie gegen Regen und Wind drohend die Mistgabel schwingen. Doch es bleibt ihr als Trost nur das Abhören des Wetterberichtes des glaubwürdigen Schweizer Fernsehens, der abends durch die Stube flimmert.

Bis sie eines Tages die Augen erhebt und den Kornelkirschenstrauch ansieht. Da steht er, dicht mit Knospen versehen, und wartet nur auf den kleinsten Sonnenstrahl, um alle seine winzigen Staubgefäße in die Luft zu recken. Er ist schon bereit, will so schnell wie möglich die ersten vorwitzigen Kostgänger aufnehmen, die trotz Eis und Schnee am Wetter nicht verzweifeln wollen. Der Strauch, *Córnus mas*, zu Deutsch „Männliches Horn", trägt diesen Namen, weil die Römer glaubten, von ihm gebe es männliche und weibliche Exemplare: Die männlichen Exemplare mit brauner, die weiblichen mit roter Rinde. In Wirklichkeit handelt es sich bei dem Rotberindeten um den *Cornus sanguínea*, den Hartriegel. Die Römer schätzten das glänzende beinharte Holz des Hartriegels zum Waffenbau so sehr, dass der Strauch in den Apenninen nahezu verschwunden ist.
Über ihn überliefert uns die lateinische Literatur mit Vergil ein schaurig schönes Stück. Frei übersetzt, lautet es: „... und ich sehe ein eigenartiges, schreckliches Wunder. Das erste Pflänzchen, samt den Wurzeln aus der Erde gerissen, schwitzt Tropfen von schwarzem, verwesenem Blute, es befleckt damit die Erde. Ein kalter Schrecken erschüttert meine Glieder und das Blut erfriert mir in den Adern."* So äußert sich entsetzt Aeneas, als er in Thrakien der Göttin Venus einen Stier opfern will und den Altar zuerst mit Zweigen bedecken

möchte, die er im nahen Gebüsch ausgerissen hat. Er versucht es nach diesem ersten grauenvollen Anlauf dann noch einmal, und der Strauch beginnt darauf zu sprechen; er sei Polidor, mit einem tödlichen Wald von Speeren an den Erdboden festgenagelt. Der Hartriegelstrauch scheint den nordeuropäischen Aberglauben nicht inspiriert zu haben. Lediglich Blätter und Holz wurden von unseren Vorfahren zum Stillen von Blutungen verwendet. Kornelkirschensträucher sind ursprünglich Mittelmeerpflanzen. Die Menschen der Steinzeit aßen die vitaminreichen Früchte in großen Mengen, das bezeugen Funde in verschiedenen Landschaften des südlichen Europas. Heute kennt man den Strauch in ganz Europa, dort wo das Klima nicht gar zu rau ist. Engländer holten ihn im Jahre 1550 in ihre Heimat, die kleinen zwetschgenförmigen Steinfrüchte galten damals als delikates Obst: Säure hat Engländer nie abgeschreckt. Bei uns heißen die Früchte im Volksmund „Dirndln". Kundige Hausfrauen bereiten aus ihnen ein köstliches Gelee oder erfrischende Getränke.

Liebt man Ausgefallenes, kann man Kornelkirschenholz zu Pulver zerstoßen und als Zahnpflegemittel verwenden. Dasselbe Pulver, mit Eisensulfat vermischt, bildet die Basis zu einer vorzüglichen Tinte. Und die Wurzelrinde gibt einen schönen roten Farbstoff ab. Einheimische Kornelen dürften eigentlich in keinem Garten fehlen. Die einheimischen Varietäten entfalten ihre winzig kleinen Staubgefäße, denn von Blüten kann hier kaum die Rede sein, sehr frühzeitig. In dichten Büscheln sitzen sie an den Zweigen. Der ganze Strauch erscheint von einem zarten, luftigen, quittengelben Frühlingsschleier überzogen. Im Sommer verschwindet der Strauch in einer grünen Anonymität. Hat man aber in der Erwerbsgärtnerei einen fernöstlichen *Cornus áurea elegantíssima* ausgesucht und in den Garten gepflanzt, so wird man von goldgelben gestreiften Blättern beglückt. Der *Cornus kóusa* hingegen protzt im Herbst mit einer unglaublichen Färbung des Laubes, das lange an den Zweigen bleibt.

Im Winter erst zeigt sich die ganze Pracht von *Cornus controvérsa* und *Cornus alba Sibírica*: ihre dottergelbe oder tiefrote Rinde belebt die grauen Wintertage des Gartens. Alle Mitglieder dieser Familie fallen früher oder später auf. Ein Hartriegelstrauch ist auch der seltene, japanisch-chinesische „Taschentuchbaum", eine Spielart, die so große Brakteen produziert, dass sie an Taschentücher erinnern. Sie entfalten sich wie weiße, große Schmetterlinge über den Zweigen. Am schönsten sieht sich so ein Baum von oben an. Ich weiß noch das Staunen, das mich den Atem anhalten ließ, als ich das erste Mal diesen Baum in einem Garten bewundern konnte. Der ganze Baum schien wie unter Schmetterlingsflügeln zu beben.

* *„... horrendum et dictu video mirabile monstrum*
nam quae prima solo ruptis radicibus arbos
vellitur, huic atro liquuntur sanguine guttae
et terram tabo maculant, mihi frigidus horror
membra quatit, gelidusque coit forminide sanguis ..."

Der Krokus: Symbol für Auferstehung, Schönheit, Jugend

Untrügliche Zeichen für den Frühling sind für die Gärtnerin nicht nur Märzenbecher, Schneeglöckchen und Winterling, sondern auch die zarten Kelche der Krokusse, die sich unerschrocken im frostigen Wind bewegen. Belesene Gärtnerinnen lieben Krokusse, weil sie Symbol für Auferstehung, für Schönheit und Jugend sind.

Die Römer pflanzten Krokusse auf die Gräber, um ihre Toten wieder zum Leben zurückzurufen. Theophrast aus Ephesus gab diesen kleinen Blüten den Namen „kroke", Faden, wegen der vielen fadenförmigen Staubgefäße. Die Engländer und Franzosen nennen sie nach ihrem arabischen Namen „Za'fran", Safran. Denn auch der blau blühende Safran ist ein Krokus, mit dem Zierkrokus unserer Gärten nahe verwandt, nur ist er ein Herbstblüher und viel, viel teurer und begehrter als sein Verwandter. Einige Gramm der hauchdünnen gelbroten Staubgefäße, die getrocknet in den Handel kommen und in der Küche verwendet werden, kosten mehr als ein Karat Diamanten. Krokusse gehören der Familie der *Iridáceae* an. Unser Gartenkrokus ist eine Hybride des *Crócus vérnus*. Wildsorten, die die holländischen Züchter für ihre Kreuzungen verwenden, haben viele bunte Schönheiten hervorgebracht. Wir kaufen sie im Herbst in Form von Knöllchen, die wir liebevoll in die Erde eingraben. Wer das noch nie tat, sollte wissen, dass sie nur einen Fingerbreit unter die Erdoberfläche kommen sollten. Werden sie tiefer eingesetzt, blühen sie nicht.

Nur Sonnenschein veranlasst die Krokusse, ihre Blüten zu öffnen. Bei Regen verschließen sie sich, möchten am liebsten zurück in die nasse Erde, wie ein Langschläfer beim Rasseln des Weckers sich tiefer ins Federbett vergraben möchte. Lange sollte der Anfänger überlegen, wohin mit den Knollen: Krokusse blühen zwar freudig, vermehren sich willig, aber nur an Plätzen, die ihnen genehm sind. Sie wollen sandigen, ungedüngten Boden. Zu viel Feuchtigkeit oder gar Staunässe lässt die Knollen faulen. Am natürlichsten schauen Krokosse unter den noch nackten Kronen der Laubbäume aus, zwischen den Stämmen sprießen sie willig und vermehren sich schnell. Wenn Sie Ihre Wiese großzügig mit Kunstdünger bestreuen möchten, sind Krokusse nichts für Sie. Kunstdüngeranhänger sollten es sich überhaupt lange überlegen, bevor sie sich einen Garten zulegen. Gute Gärtner lieben nämlich ihren Boden und täten ihm so was nie an.

Levkoje: Sie wächst seit vierhundert Jahren im Garten

Bereits Shakespeare kannte die *Matthíola incána*, die Levkoje; er gibt ihr in seinem „Ein Wintermärchen" einen geheimnisvollen Namen, nennt sie Gillyvors. Seine Landsleute sagen heute „Stock" dazu. Die Franzosen nennen die Levkoje

„Giroflée" und den Goldlack „Giroflée de murailles". So Unrecht habe die Franzmänner nicht, wenn sie Goldlack und Levkoje mit demselben Namen betiteln, denn beide gehören der Familie der Kreuzblütler an. Die Italiener machen sich weniger Mühe, nennen beide einfach Violaciocca. Den botanischen Namen erhält die Pflanze vom Florentiner Arzt Pierandrea Matthioli, kaiserlicher Hofarzt in Wien und in Prag. Heute würde ein Arzt seiner Größe nach Amerika ausgewandert sein. Matthioli war Autor eines berühmt gewordenen Pflanzenbuches, „Commentari in sex libris Pedacei Dioscoridis", das 1544 in Venedig herausgegeben wurde.

Die Gattung der *Matthiolae* umfasst ungefähr fünfzig Arten, die alle im Mittelmeerraum heimisch sind. Seit 1570 ist die Levkoje eine Gartenpflanze. Die Blüten, die himmelwärts streben, sind in der ursprünglichen Form einfach blühend. Gartenformen sind auch gefüllt. Gefällt sich der Goldlack in goldgelben Schattierungen, so erblüht die Levkoje heute in allen Rosa-Lila-Hellblau- und Rottönen. Süß duften sie, besonders stark am Abend. Die graufilzigen Blätter weisen darauf hin, dass die Pflanze Sonne und Trockenheit bevorzugt.

Damit die Blüten der Levkojen gefüllt geraten, muss sie der Gärtner, der geneigt ist, dem Aberglauben ein bisschen Ohr zu schenken, bei zunehmendem Mond oder bei Vollmond säen; karfreitags zwischen 11 und 12 Uhr wäre auch ganz gut, sonst beim „Z'ammläuten" der Glocken. Dieselben Zeiten gelten auch, um möglichst mannigfaltige Farbtöne zu erzielen. Anstatt Pflanzen zu kaufen, kann ein Liebhaber sich seine Levkojen selbst ziehen. Dafür kommen zwei Sorten in Betracht, die *Matthiola ánnua* und die *Matthiola autumnális*. Beide werden im März ausgesät, bei zehn, zwölf Grad Wärme keimen die Samen ziemlich rasch. Sobald die Pflänzchen groß genug sind und einen festen Wurzelballen aufweisen, können sie umgepflanzt werden. Die *Matthiola ánnua* blüht bereits ab Juli, August, *die Matthiola autumnàlis* ein wenig später.
Neugierige Gärtner können auch nach zwei anderen Sorten von Levkojen Aus-

schau halten. Die *Matthiola sinuáta*, weiß, hellblau oder lila, duftet besonders süß. Die *Matthiola bicórnis* stammt aus Griechenland, weist am Samenstand zwei putzige Hörnchen auf. Die rosaroten Blüten öffnen sich abends und duften angenehm nach Vanille. Die Samen all dieser Schönen erhält die experimentierfreudige Gärtnerin nur in England, bei Morgan & Thomson. Wie der Goldlack liebt die Levkoje kalkhaltigen Boden: So zerreibe die Gärtnerin Eierschalen, Muschelgrieß, streue aber vor allem Algenkalk über die Pflänzchen. Das sind erprobte Schönheitskuren. Behagt ihnen der Standort, säen sie sich auch gerne selbst aus, kehren aber nach einigen Jahren zu ihren Ursprungsfarben zurück. Warum auch nicht?

Maiglöckchen sind nicht kitschig

„Maililien, ihr schüttelt eure Glocken / Wen wollet ihr zur Maienandacht laden?" Rücker ohne „t" war hier der Reimemacher. Er schmiedete seine Verse mit entwaffnender Sorglosigkeit. Carus Sterne zitierte diese Verse in seinem botanischen Werk „Unsere Pflanzenwelt". „Das Maiglöckchen ist das Bild bescheidener Anspruchslosigkeit" ist ein anderer ins Kitschige tendierende Spruch, der gerne um 1900 zitiert wurde.

Kitschig ist das Maiglöckchen aber überhaupt nicht, ist es doch eines der giftigsten Gewächse unseres Gartens; was aber nicht bedeutet, dass es nicht auch, unter strengster ärztlicher Kontrolle, heilend wirken könnte. Am liebsten wächst das Maiglöckchen unter schattigen Laubbäumen, an nicht zu feuchten Stellen, in lehmig-humoser Erde. Es verlangt nach einer langsam vor sich hin rottenden Laubdecke, die sich im Winter schützend über seine verzweigten Wurzeln breitet. Niemand darf darüber trampeln; es möchte ohne Störung seine Blätter entfalten, dann blühen, später seine rote runde Frucht tragen und im

Maiglöckchen

Herbst sanft dahinwelken. Im Frühling bohrt es dann seine spitzigen Blattknospen wieder durch den Boden. Werden die Horste zu dicht, können die Rhizome im Herbst oder im Frühling geteilt werden. Das Maiglöckchen mag keine Verstrickung mit fremdem Wurzelgeflecht; besondere Abneigung hegt es zu dem Wurzelgewirr der plebejischen Quecken. Werden ihm diese zu präpotent, zieht es sich zurück. Auf immer. Behagt der Pflanze ihr Platz, können Jahr um Jahr zum Muttertag immer mehr duftende Maiglöckchenblüten für den festlichen Frühstückstisch gepflückt werden. Nach längerer Zeit könnte auch ein kleiner Handel damit getrieben werden, denn die nickenden Blüten erreichen gerade am Muttertag höchste Preise.

Botanisch heißt das Maiglöckchen *Convallária majális*; und als halb deutsch, halb welsch aufgewachsenes Kind fand ich den unpoetischen Namen genierlich. Später, als ich in der Schule Latein lernte, erfuhr ich, dass das „im Tale wachsende Blume" bedeutet. Der Artenname, majalis, leitet sich von Maja, der Mutter Erde, ab. Die Pflanze gehört zur großen Familie der *Liliaceae*. Eine interessante Verwandtschaft des Maiglöckchens stammt aus dem fernen Osten und heißt *Convallaria japónica*, auch als *Ophiopógum* bekannt. Der deutsche Name ist Schlangenbart, und Gartenplaner sind der großen Mutter Maja sehr dankbar ob dieses Gewächses, weil es auch im dichtesten, sterilsten Schatten unter Nadelbäumen wächst. Es hat schmale, bogige, grasähnliche Blätter, und ist – im Unterschied zu seinem Vetter, dem Maiglöckchen – immergrün. Der Winter kann ihm nichts antun, wenn die Temperatur nicht öfter unter minus 4° sinkt. Eine dichte Laubdecke hilft, Blätter und Wurzeln vor strengerem Frost zu schützen. Wie das Maiglöckchen nimmt auch der Schlangenbart von seinem Territorium Besitz, lässt dichte Teppiche entstehen. Er produziert unscheinbare weiße Blüten, dann kleine türkisfarbene kugelrunde Früchte, die sich gegen das tiefe Grün der Blätter hübsch ausnehmen. Japanische Kinder pflücken sie zum Spielen: Sie hüpfen wie winzige Gummibällchen.

Milchstern
ist nicht harmlos

Kein Mensch warnt den Ahnungslosen vor dem Milchstern, *Ornithógalum umbellátum.* So hübsch er im Mai unter den Pergeln der Weingüter aussieht, freundlicher weißer Stern mit grünen Streifen an den Blütenblättern, so lästig kann er auf dem Wieserl mit angehendem „englischem" Rasen werden. Er hat nämlich Untugenden.

Seine Blätter, sich keinen Deut um die Ästhetik scherend, stören das ebenmäßige samtige Wachsen der Grasnarbe, auch weil sie nach jeder Mahd schneller wachsen als diese. Da unser Milchstern ein Zwiebelgewächs aus der Familie der Liliengewächse ist, möchte man meinen, er verschwinde von selbst, wenn ihm die Blätter ständig abgemäht werden. Nichts da. Er lässt sie einfach nachwachsen. Zusätzlich vermehrt er sich dann auch unglaublich rasch: Wo einsam ein Blütchen stand, stehen, in angemessenem Abstand voneinander, im darauf folgenden Jahr sicherlich dreißig Stück. Die ihn aber trotzdem lieben, nennen ihn Stern von Bethlehem; sachlichere Betrachter Dolden-Milchstern.

Die Engländer, die bekanntlich vor nichts zurückschrecken, haben Sorten in Aserbaidschan, Iran, Türkei, Georgien und auf dem Balkan entdeckt und heimtransportiert; wenn die alle brav im Beet bleiben, sind sie eigentlich sehr ansprechend. Die Sorte, die mir am besten gefällt, *Ornithogalum narbonénse,* hat halb aufrechte, bis zu einem halben Meter lange Blätter und himmelwärts wachsende pyramidenförmige, weiß blühende Traubenblüten. Sie werden fast einen Meter hoch. Unten am Stängel öffnen sich nach und nach, überrockartig, die Sterne, die knospendichte Spitze zeigt wie ein Finger nach oben. Am schönsten machen sie sich in Neuner- oder Zwölfergruppen im Beet. Aber auch die *Ornithogalum balánsae, Ornithogalum bracteátum,* und wie sie alle heißen, schauen recht gut aus. Alle sind gekennzeichnet durch weiße Blütensterne mit grünem Streifen an den Blütenblättern, nur der *Ornithogalum pyrenáicum* hat gelbe Blüten. Schade, dass in Südtirol Milchsterne kein Thema sind. Ich glaube mich zu entsinnen, bei Biasion in Bozen einige Sorten davon gesehen zu haben. Den Umzug in den neuen Garten haben meine Milchsterne der Sorte *narbonénsis* nicht überstanden. Ich glaube, es war zum Umsetzen die falsche Zeit.

Die Zwiebeln sollten im Herbst zwei Handbreit tief gepflanzt werden. Der Boden soll wasserdurchlässig und der Sonne zugewandt sein, obwohl meine Erfahrung bewiesen hat, dass sie auch im Halbschatten gedeihen: Denn einige Jahre nach der Ansiedlung der Zwiebeln wuchs auch die Hecke hinter dem Beet und überschattete die Blütenpracht zu ihren Füßen. Anstatt beleidigt zu tun, blühten meine Milchsterne aus dem Kaukasus friedlich und unbeirrt weiter.

Milchsterne sind im Allgemeinen recht unempfindliche Pflanzen; sie haben keine Feinde bei der Firma Insekten & Co., kennen auch keine Krankheiten. Sie blühen, je nach Sorte, vom Frühling bis in den Sommer, sind winterhart bis auf zwei Sorten, die aus Südafrika stammen, *Ornithogalum thyrsóides* und *Ornithogalum saundérsiae*. Die müsste man im Winter hereinholen. Da sie aber bei uns nicht im Handel sind, kann man sie ruhig wieder vergessen. Wir sehen sie manchmal als Schnittblumen bei den Floristen und wissen nicht, wie sie heißen.

Die Nachtviole
duftet nachts süß und verführerisch

Hésperis matronális, die Nachtviole, aus der Familie der Kreuzblütler: Sie blüht uns Mitte Mai, und wenn es Abend wird, zieht ihr Duft sanft und lockend zum offenen Fenster herein. Unser Nachtviolenhorst steht unter dem Feigenbaum. Dort hat sich die Pflanze überraschend von allein vermehrt: auf steinigem, nur von den Herbstblättern gemulchtem Boden; dort, wo im Sommer fast Dämme-

Nachviole

rung herrscht; da wurden vor zwei Jahren einige verblühte Stängel achtlos hingeworfen. Die Samen müssen gereift sein; im Jahr darauf sind dann dichte Büschel von Pflänzchen gewachsen. Sie wurden dann prompt von unserem Jüngsten beim Mähen überfahren, da er Nachtviolennachwuchs vom einfachen Wildkraut nicht unterscheidet. Die Nachtviolen nahmen auch diese Prüfung geduldig auf sich.

Heute steht ein schwankendes hellviolettes Blütenwäldchen auf hohen Stängeln da. Dabei hatte die Bekanntschaft mit der viel gepriesenen Hesperis nicht gut angefangen; Samen waren während einer Reise erstanden, mit großer Erwartung in ein reiches, fettes Beet gesät und mit dementsprechender Enttäuschung später begutachtet worden: Mickrigeres war bis dato im Garten selten gewachsen. So kam die Pflanze sozusagen zur Endlösung unter den Feigenbaum.

„Der oben verästelte, einen halben bis einen Meter hohe Stängel trägt gestielte, eiförmige bis lanzettlich zugespitzte Blätter, die am Rande gezahnt sind. Die großen Blüten sind violett, purpurfarbig oder weiß (in Gärten auch gefüllt) und entsenden am Abend einen starken Duft, der besonders Nachtschmetterlinge anlockt. Die Kronblätter sind verkehrt eiförmig und stumpf. Die langgestielten, runden Schoten sind auf ihrer Außenseite uneben. „So beschrieb sie 1923 Heinrich Marzell in seinem Werk „Neues Illustriertes Kräuterbuch". Ich möchte dem berühmten Autor nicht unbedingt widersprechen; aber groß sind die Blüten nicht; die Levkojen haben im Vergleich dreifach größere. Nur ist die Menge der Blüten auf locker aufgebauten Rispen auffallend. Aber gefüllte Nachtviolen möchte ich nun auch haben. Wo kann ich sie erstehen? Die Nachtviolen sind bei uns nämlich aus dem Handel verschwunden, weil aus der Mode gekommen. Und sind gefüllte ebenfalls duftend?

Bei den weißen, rotvioletten oder tiefroten Levkojen, *Matthiolae incanae*, die aus derselben Familie wie die Nachtviolen sind, ist es so, dass den stark gefüllten Hybriden der Duft weggezüchtet worden ist. Die einfach blühenden, leicht zerzausten, ziehe ich bei weitem vor. Auch sie lieben kalkigen Boden, genauso wie ihre violetten Basen, möchten aber vollsonnig stehen. Auch Levkojen duften abends. Seit dem 16. Jahrhundert erblühen sie in Gärten, die gefüllten Sorten seit 1570 ... der Zweifelnde kann das auf den Blumenbildern der flämischen Meister nachsehen. Der gelbe oder rostfarbene Goldlack, *Cheiránthus chéiri L.*, ebenfalls ein Kreuzblütler, blüht im Mai-Juni, wie die beiden anderen. Alle sehen empfindsam, ja hilflos aus, sind aber in Wirklichkeit selbstbewusst, hartnäckig und genügsam: erobern sich unwirtliche Steinhaufen, breiten sich auf wüstenähnlichen Erdflecken aus, vermehren sich zielstrebig immer wieder durch Samen und kommen fast immer dort am schönsten zur Blüte, wo der wohlmeinende Gärtner es ihnen nie zumuten würde.

Ohne Pfingstrosen
ist der Garten nicht vollständig

In den zwanziger Jahren sandte Joseph Rock, Amerikaner mit österreichischen Vorfahren, Samen einer wunderschönen Pfingstrose aus China nach Kanada. „Dort wurden meine Augen von den großen weit geöffneten Blütenkelchen einer *Paeonia moutan* geblendet, leuchtend wie Schnee und duftend wie Rosen. Die Sträucher waren hochgewachsen, schlank und stattlich; alle hatten zwei oder drei schmale, aufrechte Zweige, und jeder Zweig war von der schwankenden Last einer einzigen Blüte gekrönt. Die Blüten waren in der Mitte goldgelb, und jedes der reinweißen Kronblätter hatte am Grund einen deutlich abgegrenzten, gefiederten, kastanienbraunen Fleck", so beschrieb 1924 Reginald Farrer diese Pfingstrose, die er wie Rock in ihrem Ursprungsgebiet im Süden der chinesischen Provinz Kansu bewundern konnte.

Dass diese Pfingstrose – *Paeónia móutan* (Moutan ist ein chinesisches Wort, vom Namen des Königs der Blumen, Meu Tang) – nach Joseph Rock benannt wurde, ist nicht nur auf deren Entdeckung zurückzuführen, sondern auch auf die Anerkennung der facettenreichen Persönlichkeit Rocks. Dieser war ein passionierter Botaniker und ein vielseitig begabter Mensch, der verschiedene Dialekte Chinas kannte und sprach, als Fotograf bekannt war und sich auch mit der Problematik der Grenzvölker befasste. Diese *Paeonia suffruticósa* „Joseph Rock" ist nach Angabe der Kenner wohl die Schönste unter den Schönen. Sie kann in England, im Royal Botanic Garden in Kew und in wenigen privaten Gärten, bewundert werden. Jahrelang bemüht der Liebhaber sich um Ableger, Samen, Pfropfen oder Absenker ... die Nachfrage nach dieser Pfingstrose ist viel größer als das Angebot. Keine billige Angelegenheit, natürlich.*

Gehören Sie nicht zu jenen Gärtnern, bei denen eine Pflanze von Februar bis Oktober ununterbrochen blühen muss, um in Ihren Augen Gnade zu finden, freuen Sie sich hingegen, wenn Blüten gerade zwei Wochen Staunen und Entzücken hervorrufen, dann lesen Sie weiter.

Strauchpäonien bilden einen lockeren Busch und verholzen. Früher konnten ihre rosenähnlichen großen Blüten nur in herrschaftlichen Gärten bewundert werden. Heute erhält man sie in verschiedenen heimischen Erwerbsgärtnereien, die eine kleine Auswahl anbieten. Päonien waren in China und Japan die Kaiser- und Mandarinblumen und wurden auch nach ihrem Preis „Hundert Goldunzen" genannt. Man kannte schon ungefähr 300 Sorten, als Karl der Große in Europa auf den Thron kam. Europäische Missionare beschrieben sie ab 1669 in ihren Briefen. Nach Europa kamen diese Pfingstrosen erst 1794, auch weil die Ausfuhr von der chinesischen Regierung verboten wurde. Sie haben mehrere kleinwinzige Schönheitsfehler, die sie aber, wie der berühmte Silberblick bei schönen Frauen, noch liebenswerter machen: Man findet sie selten, sie sind teuer, sie lassen sich mit dem Wachsen unendlich viel Zeit und sie blühen nur kurz, ungefähr vierzehn Tage lang. Leider.

Die zweite Gruppe der Pfingstrosen sind die Staudenpäonien. Sie ziehen im Herbst das Laub ein, der Wurzelstock treibt im April wieder aus. Die meisten, die uns heute erblühen, sind Kreuzungen zwischen der einfach blühenden *Paeo-*

nia officinális, europäischen Ursprungs, und der in China und Japan beheimateten *Paeonia lactiflora*. Von den *lactiflorae* werden alle gärtnerischen Varietäten mit gefüllter Blüte abgeleitet. Seit dem Altertum, die Schriften des Hippokrates und des Galenus bezeugen es, wurde die europäische Pfingstrose in Heilkräutergärten gepflanzt, der Samen gegen Kindergebrechen gesammelt, ihre Wurzel bei Wahnsinn, Nervenkrankheiten und Epilepsie eingesetzt. Moderne Ärzte zweifeln heute an der Wunderwirkung dieser Pflanze, obwohl sie in Blütenblättern, Samen und Wurzelstock ein Alkaloid gefunden haben, das schmerzlindernd und beruhigend wirkt. Auch meine Kinder erhielten eine Samenkette um den Hals gehängt, als sie die ersten Zähnchen produzierten. Meine Mutter glaubte fest an die wundersame Kraft der einfach blühenden Pfingstrose, hatte für die töchterliche Vorliebe für gefüllte oder duftende nur ein Kopfschütteln übrig.

Glauben ist eine persönliche Wahl, der Scheiterhaufen soll nicht wegen der Pfingstrose angezündet werden. Vielleicht könnte man als echten Aberglauben jedoch die Angst vor jenem Specht abtun, der dem Unvorsichtigen die Augen auspickt, wenn er ihn beim Ausgraben der Wurzel erwischt: *Si Picus Martius videat, tuendo in oculos impetum faceat.* Hält man sich aber daran, möge man, wie zur Zeit unserer Vorfahren, die Wurzeln nur bei Dämmerung oder bei Nacht ausgraben, wenn besagter Specht sich schlafen gelegt hat. Die *Paeonia officinális* hat einen „curiosly unpleasant"-en Duft, so umschreiben wohlerzogene Engländer die Tatsache, dass sie nicht viel, aber ein bisschen stinkt. Zwei meiner Pfingstrosen haben denselben „Duft" wie Maikäfer.

Pfingstrosen gedeihen überall, im Halbschatten wie in der vollen Sonne. In praller Sonne verblühen sie aber schneller; auch die Farben der Blüten verblassen rascher. Pfingstrosen wachsen besonders gut, wenn der Boden kalkhaltig ist. Ist die Erde zu sandig, treibt die Pflanze mehr Blätter, ist sie lehmig, werden mehr Blüten angesetzt. Ideal ist ein fetter, reicher Gartenboden. Die „Augen" an der Wurzel einer krautigen Pfingstrose müssen fünf Zentimeter unter die Erde, also sehr flach, verpflanzt werden. Bei einer Strauchpäonie soll die Veredlungsstelle ziemlich tief, gut zehn Zentimeter unter die Erde kommen.

Ist das Loch für Ihre Pfingstrose vorbereitet, so müssen Sie am Grund eine Schichte Kies einschütten, damit das Wasser nicht staut. Dann kommen einige Schaufeln alten Mistes hinein, darauf gute Gartenerde; und in diese wird die Wurzel der krautigen Pfingstrose eingebettet. Aber Achtung! Hat die Wurzel kein Auge, kann die Pflanze schwerlich sprießen. Strauchige Pfingstrosen behandelt man gleich, setzt sie aber beträchtlich tiefer, und die Sorge um das Auge fällt weg. Von diesem Zeitpunkt an will die Pfingstrose absolute Ruhe; kein Spaten, keine Hacke, keine Schere komme ihr zu nahe. Nur Samenstände können entfernt werden, müssen es aber nicht. Die abgestorbenen Blätter bleiben im Herbst liegen, fremdes Laub wird darüber gehäufelt. Eine Schicht Kompost und ein Netz verhindern, dass Wind und Amseln die Erde bloßlegen. Die Pfingstrose entfaltet ihre volle Schönheit erst nach mehreren Jahren; und wenn sie gestört wird, schmollt sie mit Nachdruck. Gerade darum sind Pfingstrosenbesitzer extrem zurückhaltend, wenn sie um Wurzelstücke oder Teile der Pflanze gebeten werden.

Pfingstrosen werden weder von Läusekolonien überfallen noch von Raupen zerfressen. Ständige Nässe könnte eine Botrytis-Attacke, einen Fäulnispilz, oder Stängelschwärze hervorrufen, aber wer mit reichlich Kies unter den Wurzeln vorgesorgt hat, braucht um die Pflanze nicht zu bangen.

In Italien erhält man die Schöne erst nach angemessener Wartezeit von Susanna Tavallini, die in der Nähe von Biella Pfingstrosen und Christrosen züchtet. Dann auch von der Erwerbsgärtnerei „Vivai delle Commande“, 10022 Carmagnola (To), Tel. 011 9 79 50 46

Die europäische Pfingstrose wächst unter anderem wild auf dem Monte Baldo im Welschtirol. Dieser botanisch interessante Berg sollte von jedem passionierten Gärtner mindestens einmal in seinem Leben Anfang Juni begangen werden. Da stehen auf den Almwiesen die roten einfach blühenden Pfingstrosen in all ihrer Herrlichkeit da.

Die Platterbse
hat den Duft verloren

Die Platterbse: Sie stammt zwar aus Sizilien, ist aber in England berühmt geworden. Die Blüte duftete in früheren Jahren sehr stark, aber seit die Züchter immer farbenprächtigere, barocker blühende Exemplare produzieren, erfreut uns die Ziererbse oder Platterbse oder Wicke, *Láthyrus odorátus*, immer seltener mit ihrem Duft: Sie wirkt neutral wie Plastik. Es werden auch mit Vorliebe solche Varietäten gezüchtet, die überhaupt nicht verblühen: Die Blüten fallen erstaunlicherweise nach einigen Tagen abrupt vom Stängel.

Im alten Garten ist es mir nie gelungen, sie am Zaun zu ziehen, entweder wegen der Bodenbeschaffenheit oder wegen meiner Unerfahrenheit. Für den neuen Garten habe ich die Samen zeitig im Januar gekauft, sie über Nacht in lauwarmem Wasser quellen lassen, bei zunehmendem Mond (auch damit fange ich, der Platterbse zuliebe, an!) in einer flachen Schale einzeln in die Erde gesteckt, sie bis zur Keimung mit einer Glasscherbe zugedeckt. Die Temperatur steigt im kleinen Glashaus nie über 16°, nachts ist sie bei 2°-3°. Im März habe ich die Pflänzchen umgetopft, gegen Blattläuse bespritzt und auch einige Male mit Schwefel behandelt, damit sie mir nicht an Stängelfäule erkrankten. Ich habe ihnen gut zugeredet wie der sprichwörtliche Bauer seiner kranken Kuh. Als ich sie im Mai aussetzte, wuchsen sie kräftig und setzten bald zur Blüte an. Keine Einzige unter ihnen war Trägerin des erwünschten süßen Duftes.

Ich will in Zukunft versuchen, die Platterbsen wie meine Kürbisse in Misthaufennähe zu kultivieren: Da holen sie sich die notwendige reichliche Nahrung hoffentlich allein. Und säen sich selbst aus. Denn der ganze Aufwand scheint mir übertrieben. Nur falls ich einmal ein duftendes Exemplar finden sollte, will ich den Samen sammeln und mein Glück versuchen. Ich bin gespannt, ob es mir gelingt, nur duftende Exemplare zu züchten. Die Engländer pflegen im

Februar Haselnusszweige zu schneiden, die bekanntlich schön verästelt sind. Diese dienen den Platterbsenpflänzchen im Beet dann als Kletterhilfe. Was sie besonders fördert, ist eine dicke Mulchschicht aus Stroh, Heu oder Grasschnitt auf dem Boden, längere Trockenheit setzt ihnen sehr zu. Und: Die Platterbsen lieben Abwechslung. Zu lange Zeit im selben Ort macht sie krank.

Für Eingeweihte besitzt der Samen große magische Kraft: Findet ein unverheiratetes Mädchen neun davon in einer Hülse, wird sie bald glücklich verheiratet sein. Helle Samen – die sehr selten sind – soll ein angehender Zauberer in die Tasche stecken, denn so wird er die Sprache der Gänse erlernen. Platterbsen sollen bei den Zwergen ein beliebtes Gericht sein. Ein Kuriosum zum Thema: In der deutschen Mythologie haben ihre engsten Verwandten, die in der Küche verwendeten hundsgemeinen Erbsen, engste Beziehung zu Donar, dem Donnergott.

Primeln in allen Farben

Jetzt darf dieser halbherzige Winter endlich ein Ende haben. Meinetwegen kann's noch ein paar Tage regnen und „winden", damit er sich austobt. Aber dann muss Frühling sein. Mit Düften, Amselgesang und Farben. Der Garten soll violett von Veilchen und gelb von Primeln, rot von Tulpen und weiß von Narzissen leuchten. Ich kann das verwaschene Graugrün der verblühten Christrosen unter den Bäumen am Zaun nicht mehr sehen.

Unter dem Nussbaum wagen sich zwar schon seit Februar die ersten kükengelben Kissenprimeln mutig ans Licht, verwilderte Nachkommen von alten Supermarktprimeln, *Prímula vulgáris*, die ins Freie versetzt wurden, als ihnen die Zimmerluft zu heiß und zu trocken wurde. Apropos Primeln: Bedauerlich ist die Tatsache, dass in unseren Erwerbsgärtnereien wenig Auswahl vorhanden ist. In jedem Garten gibt es Reviere, seien sie noch so klein, wo Primeln wachsen könnten. Die meisten brauchen kühle, leicht beschattete Plätze, die aber im Sommer ziemlich feucht bleiben. Ich denke da an Schattenseiten von Mauern, an feuchte Stellen rund um Wassertröge; aber am schönsten wirken sie im lichten Schatten an Bachläufen ... Haben Sie vielleicht ein Bächlein im Garten?

Viele Primeln eignen sich nicht fürs Freiland, weil sie die Winterfröste nicht mögen. Aber es gibt doch zahllose andere, die auch einer rauen Gebirgswelt wie der unseren Lust am Blühen und Gedeihen abgewinnen könnten. Einige, wie die *Primula siebóldii*, blühen sogar im Juni, eigentlich eine interessante Zeit. Wenn man so recht überlegt, könnten diese willigen Blüher, die immer locker mit andern Gleichgesinnten zusammengepflanzt werden sollten, vom Februar weg, nach Sorten gestaffelt, bis in den Sommer hinein blühen: eine schöne Herausforderung für kreative Garten-Geister. Unsere Urgroßmütter hatten große Freude an Aurikelprimeln, legten regelrechte Sammlungen an und bauten für sie halbrunde Regale, die sie dann „Primeltheater" nannten. Diese hübschen samtaugigen Frühlingsboten, robust, blühfreudig und alle Jahre wiederkommend, gibt es leider sehr selten im Handel, nur die Engländer, vor allem die Samenfirma Thomson & Morgan, haben sich Aurikeln erhalten. Himmelschlüsselsamen finden sich seit kurzem auch bei uns im Verkauf. Die Samen sind Kaltkeimer, die Verpackung gibt Anleitung, wann und wie der Gärtner sie säen soll.

Eine eigenwillige Etagenprimel (auf dem Stängel bilden sich übereinander zwei oder drei Blütenbüschel), die *Prímula auróntica*, hat verschiedene rote und orangefarbene Hybriden, blüht im Juni und Juli, und ich möchte gerne einige Exemplare davon zwischen meine Farne pflanzen. Die orangerote *Primula x chunglénta*, eine Kreuzung von *Primila chungénsis* und *Primula pulverulénta* – Botaniker finden solche Namengebung überhaupt nicht zum Lachen –, ist ebenfalls eine Etagenprimel; sie wäre sehr wüchsig und „fällt treu aus Samen", wie Hansen und Stahl sich in ihrem „Die Stauden und ihre Lebensbereiche" ausdrücken.

Johannes Roth schreibt, dass der gemeinsame Nenner dieser „bunten Lieblich-
keit" das Biedermeierliche ist; und dass die Reproduktion der Sorten und
Varietäten in den angloamerikanischen Katalogen „wie verkleinerte Wiederga-
ben einer Kollektion von Ballkleidern" aussehe. Roth zieht diesen Grellbunten
die Urformen mit ihren sanften Cremefarben vor. Ich möchte sie aber in natu-
ra sehen, denn in einem Parterre zwischen Buchseinfassung könnte ich mir
leuchtende Ballkleiderbuntheit recht gut vorstellen.

Rhododendren

Für einen Gartenmuffel, der sich um die Pflege seines Grundstückes nicht kümmern wollte, habe ich vor Jahren einen Garten aus Sand, zwei Findlingen und
einem einzigen selbstgenügsamen Rhododendron geplant, und das Resultat ist
immer noch sehenswert. Der Besitzer grummelt zwar, dass er im Herbst Blätter
wegharken muss, aber das wäre auch die einzige größere Arbeit, wenn man
vom Beseitigen von unerwünschten Katzenspuren und dem gelegentlichen
Ausreißen eingeflogener Unkräuter absieht.

„Mit Wasser und Erde beginnt die kleine Welt, die der Gartenzauberer
schafft", so Rudolf Borchardt. Bei Rhododendren geht das eigentliche Zaubern
erst mit dem richtigen Wasser, mit der richtigen Erde an. Sie sind dankbare
Gartenpflanzen, wenn bestimmte Spielregeln eingehalten werden: Luftfeuch-
tigkeit, Bodenfeuchtigkeit, Bodenbeschaffenheit müssen unbedingt stimmen.
Rhododendren gedeihen gut bei konstanter Luft- und Bodenfeuchtigkeit.
Trocknet der Boden einmal aus, ergibt das bleibende Schäden an den Pflanzen,
denn die Wurzeln der Rhododendren sind kurz und streben der Oberfläche zu,
dringen nicht in die Tiefe. Eine dicke Mulchschicht aus Holzabfällen leistet
gegen das Austrocknen des Bodens exzellenten Dienst, säuert zugleich zu hartes

Gießwasser. Trauen Sie nicht der scheinbaren Feuchtigkeit des Torfes, der behält nämlich das Wasser für sich, tritt es sehr widerstrebend an die Pflanzen ab. Am besten, man lässt Wasser einmal täglich einige Stunden lang tröpfelnd zukommen und sorgt dafür, dass überschüssiges Wasser abrinnen kann. Denn so sehr Rhododendren die Feuchtigkeit lieben, Wasserstau an den Wurzeln lieben sie nicht.

Ist der Boden feucht genug, so halten sie auch im Sommer größere Hitze aus, als ihnen eigentlich lieb ist. Je höher die Temperaturen, desto schattiger müssen Rhododendren stehen. Nur im Gebirge verträgt die Pflanze auch pralle Sonne. Sie wünscht sauren Boden, ihr Ideal liegt bei einem Wert von 4-5 pH. Der Liebhaber kann den Boden mit Buchen-, Nuss-, Kastanien-, Eichenblättern- und Tannennadelnkompost säuern. Engländer graben in kalkhaltigen Böden tiefe Gruben, grenzen sie mit Zement oder Mauerwerk ab und füllen die Löcher dann mit saurem Boden auf. Das habe ich vor Jahren auch getan, die kalkhaltige Erde eines langen schmalen Beetes bis auf einen Meter Tiefe entfernt und sie durch Moorbeeterde, vermischt mit Tannennadeln und Rindenmulch, ersetzt. Da wuchs die kardinalrote Varietät „Goethe" prächtigst. Kaum aber wurden die Rhododendren in den neuen Garten umgepflanzt, gab's schon Malheur, obwohl der Boden auch am neuen Standort ziemlich humös ist. Das Gießwasser ist hier eben zu hart, auch wenn ich oft mit Regenwasser aus der Tonne nachhelfe. Die Reste der früheren Pracht habe ich nach einigen Jahren pietätvoll entfernen müssen.

Rhododendren sollen nach dem Kauf flach gepflanzt werden. Mineraldüngungen schätzen Rhododendren nicht. Schon gar nicht mit Blaukorn. Die Gärtnereien verkaufen Spezialdünger. Jeden Herbst sollten sie mit altem Stallmist versorgt werden. Der hält sie warm und vor allem auch feucht. Während trockener Winter müssen die Pflanzen selbstredend begossen werden. Eine dicke Schneedecke, die langsam wegschmilzt, wäre für ein Rhododendrenwäldchen ein wahrer Segen. Sorgfalt in der Pflege lohnt sich immer. Rhododendrenbüsche sind bei der Anschaffung nämlich ziemlich teuer.

Rosen und ihre Krankheiten

Die häufigste Frage, die Gärtner stellen, ist die nach den Krankheiten ihrer Rosen: Warum kriegen die Rosen schon früh im Sommer „braune kleine Flecken", worauf die Blätter vergilben und abfallen? Die Flecken werden durch einen Pilz verursacht, der sich bei feuchtem Wetter rasch vermehrt. Das Regenwasser oder die Bewässerung lässt die Sporen hochspritzen und die Pflanze infiziert sich immer wieder und immer mehr. Die Krankheit heißt übrigens Rosenrost. Die zweite häufige Krankheit sind runde, schwarze, ineinander greifende Flecken auf den Blättern. Sie heißt Sternrußtau und wird wie der Rosenrost bekämpft: Rosenbeet und Rosenstock müssen regelmäßig mit einer Schwefel- und Kupferlösung „desinfiziert" werden, und dieser Vorgang ist nach jedem Regen zu wiederholen. Die Behandlung sollte im April beginnen.

Die Gießgewohnheiten sind umzustellen: Bewässert werden Rosen grundsätzlich nur vor Sonnenaufgang. Rosenblätter sollten nie nass werden. Die Pflanze darf nur bei extremer Trockenheit begossen werden, dann ausgiebig, mit der Gießkanne oder mit dem Schlauch direkt ins Pflanzloch. Woessner, der Rosenspezialist, rät sogar, die Rosen nachts zu begießen. Echter und falscher Mehltau sind das dritte Verhängnis, das die Rosen überfallen kann; gegen diesen weißen Belag auf oder unter den Blättern helfen Schwefel- und Kupferspritzungen; man achte auf die Auswahl mehltauresistenter Rosensorten, dann auf ausreichende Belüftung: An heißen Mauern werden Rosen fast immer krank.
Krankheiten kann der Gärtner vorbeugend mit einer optimalen Nährstoffversorgung bekämpfen. Abgelegener Rindermist, gut kompostierter Pferdemist im Februar sind der geheime Tipp; im Juni, nach der Blüte, brauchen die Sträucher eine Nachdüngung mit Rosendünger und im Winter eine oder zwei Schaufeln Asche. Das tut den Rosen gut. Patentkali im Herbst kann auch nicht schaden. Auch die Lage ist für die Gesundheit der Rosen wichtig: Sie mögen es

vollsonnig und luftig. Monokulturen sind immer krankheitsanfälliger als Pflanzengemeinschaften. Katzenminze, Lavendel, Tagetes, Ringelblumen, Schleierkraut, Storchschnabel, Knoblauch sind für Rosen gute Nachbarn.

Gartenrosen sind veredelt, das heißt, der Züchter pfropft auf eine Wildrosenunterlage die gewünschte Sorte auf. Die Wildrosenwurzel ist weitaus vitaler als die Züchtung, deshalb treibt sie ununterbrochen neue Triebe. Kappt man diese nicht konsequent an ihrem Ansatz, so überwuchern sie bald die schwächeren Edeltriebe, die demzufolge absterben.

Schnell noch einige Worte zur löblichen Gepflogenheit des Mulchens bei den Rosen: löblich darum, weil die Erde dabei schön locker und gleichmäßig feucht bleibt, was ja Rosen besonders schätzen. Der Wildkrautwuchs wird mit einer Schicht Mulchmaterial wirksam unterbunden. Seit kurzem werden dazu Baumrinden verwendet. Das ist nicht so gut. Die einsetzende Zersetzung des Rindenmulches entzieht dem Boden Stickstoff – die Rosen erkranken an Chlorose, das heißt, sie kriegen gelbe Blätter. Holziges Mulchmaterial verändert auch den Boden, der im wahrsten Sinne des Wortes sauer wird. Darum ist es besser, auf diesen zu verzichten und mit anderem organischem Material wie Grasschnitt u.Ä. zuzudecken. Bei mir hat sich die Bekämpfung der Quecken und Winden mit der „Zeitungs-Methode" bewährt: Ich habe in dreifacher Lage Tageszeitungen unter die gut angegossenen Rosenstöcke gelegt und habe sie der Ästhetik wegen mit Steinen und Erde bedeckt. Im Herbst ist das Papier zum großen Teil verrottet, die Wurzeln der Wildkräuter sind an die Oberfläche gekommen, ich konnte sie ohne Mühe absammeln und in einen Müllsack geben, wo sie dann faulten.

Salomonsiegel: Von Kobolden geliebt

Wie sein Vetter, das Maiglöckchen, liebt auch der Salomonsiegel – in manchen Gegenden auch Weißwurz genannt – die blinkenden Sonnenkringel auf schattigem Waldboden, eine weiche Bodendecke aus fast verrottetem Laub und einen freundlichen Umgang mit Kobolden und Waldschratten. Wie sein botanischer Name, *Polygonátum odorátum* aussagt, duftet er milde während der Blüte.

Die Blüte ist eigenartig genug: Blassgrüne bis cremefarbige kleine Röhren an sanft gebogenen Stängeln werden vom Blattgrün wie grüne Schutzengelflügel beschirmt. Ein Botaniker würde dies alles mit „beblättertem Stängel und achselständig nickenden Blüten, später mit runden blauen Samenständen" ausdrücken. Hauptsache aber, man versteht, worum es geht. Im Juni bilden sich an ihrer Stelle kleine blaue Beeren. Sie sind sehr giftig. Neugierige Kinder sollten vor Verkostungen gewarnt werden. Salomonsiegel erhalten ihren deutschen Namen von der siegelartigen Narbe, die das oberirdisch absterbende Grün auf der Wurzel, ein dickliches, weißes Rhizom, hinterlässt. Früher wurde die Pflanze zu medizinischer Verwendung gesammelt, sie galt bei eitrigen Beulen, bei rheumatischen Schmerzen als heilend und half angeblich gegen Sommersprossen. Auch war er gegen giftige Bisse gefeit, „wenn ein Mensch die Wurzel des Siegels auf sich trägt".

Bewohner verschwiegener Waldlichtungen und dämmernden Waldbodens wie Salomonsiegel, Tollkirsche, Buschwindröschen, das zarte Schattenblümchen, Immergrün, die vierblättrigen Einbeeren oder die Kolben des Arus übten auf Menschen mit Sinn für Magisches immer sehr große Anziehungskraft aus. Besonders jene, die Zauberkünste ausübten, schützten sich mit diesen Pflanzen, da sie die Furcht, den Neid und die Missgunst aller anderen, die solche Künste nicht beherrschen, fürchteten. Sie trugen Amulette aus rotem Stoff am Leib, in welchen Blätter, Blüten und Beeren dieser Waldpflanzen eingenäht waren. Der

Salomonsiegel hieß in einigen Gegenden „das Veilchen der Zauberer". Ich lese in einem bezaubernden Büchlein von Maureen & Bridget Boland, wie der Gärtner sich vor negativen magischen Einflüssen zu schützen hat: Er soll sich Rhododendrenwurzeln um den Hals hängen. Salomonsiegel behalte er lieber im Hosensack.

Sie blühen sehr früh, manchmal auch spät: Schneeglöckchen und Märzenbecher

An der Fleimstaler Straße bei Neumarkt bedeckt im März ein schneeweißer, zarter Schleier ein ganz bestimmtes Beet. Unter Hortensien gehen Tausende von Märzenbechern auf. Ein bezaubernder Anblick. Das Beet liegt auf der Nordseite eines herrschaftlichen Hauses, bekommt fast keine Sonne. Ein Platz, der für andere Pflanzen seine Tücken hätte. Aber die Besitzerin des Hauses erzählte, dass sie vor etlichen Jahrzehnten – als Naturschutz noch kein Thema war – einige Knollen vom Märzenbecher aus dem „Frühlingstalele" bei Montiggl mit nach Hause genommen und sie unter die Hortensien gepflanzt hatte. Der Erfolg ist in seiner Schönheit umwerfend.

Der Märzenbecher wird von den Botanikern *Leucójum vérnum* genannt. Bei uns kennt man ihn auch als Frühlingsknotenblume. Er bevorzugt feuchte, humusreiche Böden. Das Schneeglöckchen hingegen, *Galánthus nivális*, wächst am besten an trockenen Waldrändern und im lichten Unterholz. Ständige Feuchtigkeit lässt die zarte Zwiebel faulen. Die Familie der beiden Frühlingsblüher ist die der Narzissengewächse. Der Unterschied zwischen Märzenbecher und Schneeglöckchen liegt in den Kronblättern: Das Schneeglöckchen hat drei äußere lange und drei innere kurze, mit grünem Fleck an den Spitzen, während die sechs Kronblätter des Märzenbechers gleich lang und an der Spitze grün oder gelb gefleckt sind. Bei mir wachsen die Schneeglöckchen unter dem Feigenbaum. Dort ist der steinige Boden im Winter feucht, im Sommer und im Herbst jedoch recht trocken.

Schneeglöckchen sind sonnenhungrig, darum könnten sie auch auf dem Rasen blühen. Letzterer darf aber nie gedüngt werden, sonst erscheinen ein paar Jahre lang nur Blätter und keine Blüten. Später geht die Pflanze ein. Die keuschen Schönen, Schneeglöckchen und Märzenbecher, vermehren sich an einem günstigen Standort von selbst, dabei helfen fleißig die Ameisen, die eifrig die Samen verschleppen. Vermehren sie sich sehr üppig, kann ans Teilen gedacht werden. Wann ist die beste Zeit dazu? Sobald im Mai die Blätter anfangen, gelb zu werden. Die Pflanzen beginnen zu diesem Zeitpunkt ihre Ruhezeit, da werden sie am wenigsten gestört. Aber Achtung: So unempfindlich die kleinen Pflänzchen gegen Schneegestöber, eiskalten Regen und beißenden Wind sind, so gefährdet sind, außerhalb der schützenden Erde, die dünnhäutigen Zwiebelchen. Sie müssen schnellstens wieder ins Erdreich, am besten gleich, sofort. Und nicht zu tief. Drei Finger hoch dürfen sie mit Erdreich bedeckt werden.

Vom Schneeglöckchen wie vom Märzenbecher gibt ein gutes Dutzend Sorten, die im Kaukasus, in Südrussland und in der Türkei zu Hause sind und die in den verschiedensten Jahreszeiten, ja sogar im September, Oktober erblühen. Sie nicken mit einzelnen Glöckchen von einem oder von mehreren Stielen, aber auch mit mehreren Blüten von nur einem Stiel. Einige davon verkauft auch die gute alte Firma Biasion in Bozen: Sieh, das Gute liegt so nah.

Stiefmütterchen

Stiefmütterchen
und deren Töchter

Gedenkemein, Pensée, Pansy, Herbe de la Trinité heißt die Vielseitige; doch bei uns ruft sie der Volksmund Stiefmütterchen. In England wird die *Vióla tricolor* auch „Jump up and kiss me", also „Spring auf und küss mich" genannt.

Fünf grüne Kelchblätter tragen fünf bunt gefleckte Blütenblätter: Die putzigen Blüten „schauen" dem Betrachter treuherzig ins Gesicht. Ihre Farbflecken, die bereits an der Urmutter aller Gartenstiefmütterchen zu erkennen sind, haben die Fantasie der Beobachter stimuliert: Disney hat in einem seiner Filme aus ihnen böse Tratschtanten gemacht; mystische Seelen sehen in den fünf Blütenblättern die Wunden Christi und in ihrer Farbe die Dreifaltigkeit. Die populärsten Beschreibungen dieser bekannten Pflanze finden wir in Fabeln und Kinderspielen. Und auch ihr Name erzählt uns fast eine Geschichte: Das unterste, breite, stark gefärbte Blütenblatt sitzt auf zwei Kelchblättern – die Stiefmutter. Rechts und links von ihr, ebenfalls bunt gekleidet, ihre zwei richtigen Töchter auf je einem Kelchblatt. Die beiden oberen, meist einfärbigen Blütenblätter, sind die Stieftöchter, sie müssen sich mit einem Kelchblatt allein begnügen.

Die Leute pflanzen Stiefmütterchen im Frühling auf die Gräber. Einige Exzentriker ziehen sie am Balkon oder am Fensterbrett. Die Stadtgärtner bepflanzen damit, eindrucksvolle Farbflecken bildend, ackergroße Beete. Unsere Erwerbsgärtner haben selten genügend Exemplare einer einzigen Farbe, als dass man es den Stadtgärtnern im eigenen Hausgarten nachmachen könnte.

Was fast niemand weiß, ist die erfreuliche Tatsache, dass Stiefmütterchen blühende Pflanzen sind, die wir bereits im Herbst in die leer stehenden Beete pflanzen könnten. Vor der großen Kälte blühen sie dann zwar nicht so prächtig, wie sie es später im warmen Frühlingssonnenschein tun werden, aber dennoch so viel, dass sie einem das Herz erfreuen. Den meisten unbekannt ist, dass sie ganz leicht selbst zu ziehen sind. Benary, der bekannte Samenhändler aus

Deutschland*, hat herrliche Züchtungen in schönsten Farben im Katalog. Die Samen werden im Juni flach ausgesät. Als Saatkistchen können mit Zeitungen ausgelegte, flache Obstkistchen aus Holz verwendet werden. Die Erde soll feucht bleiben und das Ganze nicht der prallen Sonne ausgesetzt werden. Eine lockere Abdeckung mit feuchtem Vlies in den ersten Tagen fördert die Keimung. Die Pflänzchen werden nach anderthalb Monaten in Zehnertöpfchen pikiert, gedüngt, damit sie zügig wachsen, und Anfang Oktober an Ort und Stelle ausgesetzt. Benary bietet schneeweiße „Fama", dunkelblaue „Riesen Vorbote, Blau", tiefrote „Weseler Eis Rote Töne", gelbe „Weseler Eis Finesse" an; für mich sind die zweifärbigen „Weseler Eis Blau Lasur", in Weiß und Tiefblau, oder die „Weseler Eis Weiß mit Auge", in reinem Weiß mit einem violetten Klecks in der Mitte, die Schönsten. Das Stiefmütterchen „Joker Rot-Gold" ist die Neuheit 1998 der Samenzucht Benary: eine rotbraune Blüte mit auffallendem gelbem Fleck. Die Qual der Wahl bleibt einem nicht erspart.

* *Bei Biasion in Bozen zu finden*

Mit tränendem Herzen

Meine stattliche *Dicéntra spectábilis*, das Tränende Herz, hatte ich vor einigen Jahren aus dem alten Garten in den neuen verpflanzt – das muss ihr nicht bekommen sein. Sie ist spurlos verschwunden. Ich werde ein paar neue Pflanzen besorgen müssen. Diesmal hole ich mir nicht nur rot blühende Exemplare, sondern auch einige von der rein weißen Sorte, *Dicentra spectabilis alba*. Vielleicht mochte meine alte Dicentra die Konkurrenz der präpotenteren Phlox, der neuen Nachbarin, nicht; wer weiß. Diesmal werde ich das Tränende Herz im lichten Schatten zweier Kakibäume ansiedeln, wo schon andere heikle Schönheiten ihren Platz gefunden haben.

Obwohl die Dicentra keine schwierige Pflanze ist, verlangt sie nach humusreichem, feuchtem Boden, in welchem Nässe nicht staut. Ein paar Stunden Sonne
sind ihr recht, den Rest des Tages möchte sie im hellen Schatten verbringen.
Die Dicentra gehört den Mohngewächsen an und ist ein Kind des fernsten
Ostens. Sie wurde von einem Franzosen um 1720 in den Pekinger Bergen „entdeckt"; auch diesmal wurde bewusst die Tatsache übersehen, dass die Pflanze
den Chinesen sicherlich seit Jahrtausenden bekannt war. Der Hochmut von uns
Europäern bestimmt seit je, was existent zu sein hat, was nicht. So müssen wir
das Entdeckungsjahr gelten lassen und auch die Tatsache, dass nach ungefähr
einem Jahrhundert, um 1847, die Dicentra nach Europa kam. Noch ein paar
Jahrzehnte vergingen, und die Pflanze hielt auch in unsere Bauerngärten Ein-
zug. Von hier ist sie nie mehr vertrieben worden. Aus den herrschaftlichen Gärten verschwand sie ziemlich schnell wieder, denn auch Vita Sackville-West, die
englische Gartenschriftstellerin, nennt sie 1950 „altmodisch". Heute hat die
Gartenwelt wieder Gefallen an ihr gefunden, man sieht sie oft im Fachhandel
angeboten.
Im Juni hängen die Blüten wie rotweiße Tropfen an den anmutig gebogenen
Stängeln über dem Laub. Die Pflanze blüht einige Wochen. Dann zieht langsam das Laub ein, und von ihrer Pracht sieht man bis zum nächsten Jahr nichts
mehr. Mein „Parey", eine Gartenenzyklopädie, zählt sechs Sorten und eine
Varietät auf, die ich – mit Ausnahme der *Dicentra spectabilis* und der *Dicentra exímia* – nur von Abbildungen kenne. Die *Dicentra exímia* hat hellrote, sehr kleine,
herzförmige Blüten, die im dichten Stängelgewirr des wunderschönen Laubes
herausragen. Das Laub ähnelt einer venezianischen Spitze. Bei mir wächst sie
in Gemeinschaft mit den Maiglöckchen. Sind Letztere verblüht, beginnt sie zu
blühen. Sie hat sich auch üppig selbst ausgesät und bildet mittlerweile kleine
Horste.

Unbekanntes Veilchen

Dieses Veilchen vermehrt sich unbeirrt und in großer Eile im sonnigen Schnitt-
lauchbeet; als blinder Passagier mit einer Schnittlauchpflanze aus einer
Erwerbsgärtnerei eingeschleppt, besaß die Gärtnerin vor wenigen Jahren nur
ein Exemplar. Nach und nach entwickelten sich durch Selbstaussaat mehrere
kugelige Pflanzennester, die mit dem Schnittlauch Konkurrenz aufnahmen. Sie
kommen jetzt überall im Garten vor, in voller Sonne und im Halbschatten. Die
Gärtnerin hat jetzt Veilchen zum Verschenken in großer Fülle: Wer vorbei-
kommt, kriegt ein Pflanzl.

Meine Veilchensorte hat sehr hübsche, große, lilafarbene, leider duftlose Blüten. In keinem der zur Verfügung stehenden Bücher fand ich eine passende
Beschreibung, welche auf eine bereits erfolgte botanische Taufe schließen ließe.
Darum wollen wir sie vorläufig *Viola neumarktiána** nennen, bis einer kommt und
uns eines Besseren belehrt. Veilchen sind dankbare Gartenpflanzen. Die meisten von ihnen säen sich selbst aus – die Arbeit des Verbreitens übernehmen gerne die Ameisen –, gedeihen im Halbschatten und in der Sonne, viele duften;
alle Veilchensorten verzeihen Unterlassungssünden, die andere Pflanzen sehr
übel nehmen würden.

Der Duft der Veilchen hat eine besondere Eigenart: Man riecht ihn nur für kurze Zeit, dann wirkt er betäubend auf die Geruchsnerven. Die duftendsten Sorten, Nachkömmlinge der *Vióla odoráta*, heißen „Rosina", „Rochelle", „White
Czar" und „Violetta di Parma". Hundsveilchen, die wild wachsenden, duften
nicht. Dafür sind sie großzügige Blüher; man findet in freier Natur weiße und
hellblaue Sorten. Obwohl sie den frischen Halbschatten des Laubwaldes bevorzugen, breiten sie sich willig auch auf offener Lage aus. Ein mit Hundsveilchen
bestreuter Wiesenfleck ist ein allerliebster Anblick. Unter Bäumen könnten
Hundsveilchen und Weiße Zahnwurz, *Cardámine enneaphyllos*, mit den hübschen
handförmigen Blättern, eine Neuheit sein. Die einzige Frage ist, woher mit der

Zahnwurz. Dass Veilchen früher als Heilpflanze gesammelt wurden, ist einigen Naturfreunden bekannt. Ich gebe selten Ratschläge zur Anwendung von Heil-pflanzen; um das guten Gewissens zu tun, sollte man zuerst Medizin studiert und dann zusätzlich das Studium von Heilpflanzen vertieft haben. Erzählt Ihnen irgendwer, er könne ernsthaft Erkrankte mit Kräutern heilen, glauben Sie's ihm nicht! Es ist einfach zu gefährlich. Aber ein Hausrezept gegen hart-näckigen Husten ist seit drei Generationen in meiner Familie erprobt, und ich kann es guten Gewissens weitergeben. Man nehme also – ein Teelöffelchen pro Tasse – Blätter und Blüten (trocken oder auch frisch) des Duftveilchens und gie-ße sie zu einem Tee auf. Wenn dieser nicht helfen sollte, kann er auch kaum schaden. Husten Sie überhaupt nie, so können Sie Veilchen kandieren und auf den Zuckerguss einer Wiener Veilchentorte legen. Und das Kandieren geht so: Eiklar leicht verschlagen, Veilchen hineintauchen, dann mit Zucker bestäuben, leicht trocknen lassen; wieder in Eiklar tauchen, nochmals mit Zucker bestäu-ben; luftig im Schatten trocknen lassen.

*Es handelt sich hier wahrscheinlich um die Viola rupéstris, eine der wenigen Pflanzen, die die Eiszeit in Europa ohne Schaden überlebten.

Den gelben Winterling
dürfen wir nicht vergessen

Februar ist für den passionierten Gärtner – der im Unterland, in Meran oder in Gries wohnt, in den übrigen Gebieten unseres Landes herrscht ja noch tiefer Winter – bereits Frühling: Im Garten verblühen langsam Zaubernuss und Kali-kantus, der Forsythienstrauch setzt dicke Knospen an, die Palmkätzchen wer-den bald von unerschrockenen Bienen umschwirrt werden. Fallen auch Schnee oder eiskaltes Wasser vom Himmel: ... Es dauert nicht mehr lange, und die

Sonne beweist wieder ihre Kraft. Zwischen dem Laub des vorigen Jahres erahnt man die tapferen Triebe der Traubenhyazinthen.

Alle Jahre ärgere ich mich mit mir selber, weil ich es versäumt habe, etwas Gelbes in das Weiß und das Blau des Frühlingsbeetes zu pflanzen. Es sähe viel hübscher aus, auch weil die Krokusse ja später erscheinen. Und alle Jahre nehme ich mir vor, im Herbst endlich die Knollen des früh blühenden gelben Winterlings, *Eránthis hyemális*, zu besorgen. Dieser Unerschrockene heißt im Italienischen „Piè di gallo", was für Kundige auf seinen Verwandtschaftsgrad mit der Nieswurz, einem Hahnenfußgewächs, hindeutet; und wie die Nieswurz – die auch unter dem Namen Christrose bekannt ist – enthält der Winterling das giftige Alkaloid Helleborin. Der Winterling kommt spontan in vielen Regionen Italiens bis auf tausend Meter Höhe vor. In der Schweiz, in England und in Österreich, wo er ebenfalls öfter „wild" angetroffen wird, vermuten die Botaniker, dass er sich aus Gärten entfliehend selbstständig gemacht hat.

Winterblüher wie Winterling, Schneeglöckchen, Märzenbecher, Blausternchen oder Traubenhyazinthe sind eigentlich sehr anspruchslos und pflegeleicht. Selbst in den kleinsten Gärten findet eine Hand voll ihrer Zwiebelchen oder Knollen Platz. Sie zwängen sich zwischen andere Stauden, drängen sich unter Büschen zusammen, füllen Lücken aus, beleben kahle Stellen, begnügen sich mit der unwirtlichsten Bleibe, verschwinden nach der Blüte, um anderen Stauden den Platz abzutreten, und kommen alle Jahre wieder immer dichter zum Vorschein – vorausgesetzt, sie werden artgerecht behandelt.

Ihre Ansprüche wollen wir für den Neuling im Garten gerne wiederholen: Diese Zwiebel- und Knollenpflanzen brauchen während ihrer Blütezeit, im zeitigen Frühjahr, einen feuchten, sonnigen Standort. Im Sommer, wenn sie ihr Laub eingezogen haben, soll es bei ihnen bis auf eine Ausnahme, den Märzenbechern, sehr trocken sein. Sie vertragen dann auch ohne Schaden den Schatten und die Trockenheit der Büsche und Bäume, an deren Fuß sie wachsen. Und wer keinen Garten hat, kann diese Hübschen ohne größere Mühe auch in Töpfen und Kisten ziehen. Die Anweisungen bleiben die gleichen: Viel Feuchtigkeit im Frühling, dann lassen wir das Laub einziehen. Manche graben sie aus und lagern sie trocken und dunkel. Andere vergessen sie bis zum nächsten Frühling.

Zistrosen blühen nicht im März

Die Sonne hängt blass und kalt in den Ästen der Zwetschgenbäume, hinter den Fenstern der Veranda kann die Gärtnerin beobachten, wie ein eisiger Hauch den Boden erstarren lässt ... Vor ein paar Stunden noch regnete es frostiges Wasser aus finsteren Wolken, böiger Wind klapperte wütend an den Stoffbahnen des Sonnenschutzes.

Wie fern, ja unwirklich scheinen die warmen föhnigen Tage des Februars zu sein, als wir in Hemdsärmeln die Rosen geschnitten! Dem März ist nicht zu trauen. Die Unvorsichtigen, die bereits gesät haben, hätten lieber Löcher für Neupflanzungen graben sollen, die einzige gärtnerische Tätigkeit, die im März von Nutzen ist. Oder sie hätten im Wald spazieren gehen sollen, um die gelben duftigen Wolken der Kornelkirschensträucher zu bewundern. Nie sind sie so schön wie um diese Jahreszeit. Im Laubdickicht, unter anderen Sträuchern, werden sie sommers unsichtbar. Im März ist aber ihre Zeit da: Sie blühen überreichlich, zäh den letzten Gefechten des alten Winters trotzend. In ein paar Wochen kann man von diesem wunderbaren Strauch Steckhölzer schneiden; auf zehn Hölzer wurzeln zwar nur zwei, drei, aber das genügt ja. Im Garten, wo der Strauch nicht mit anderen um Licht und Luft kämpfen muss, wird er in den Jahren voll Energie in die Breite und in die Höhe streben. Im Herbst können die Früchte geerntet und zu wunderbaren Gelees eingekocht werden. Wenn die Amseln nicht schneller als die Hausfrau sind.

Der März ist auch eine gute Zeit zum Kaufen neuer Pflanzen, falls man es nicht im November schon getan hat. Da läuft die hohe Zeit in den Erwerbsgärtnereien an, vieles wird jetzt ausgepackt, eingetopft, sortiert und geordnet. Ich möchte schon seit langem Zistrosen in meinem Garten haben. Drum suche ich sie geduldig von Gärtnerei zu Gärtnerei, Jahr um Jahr, die Hoffnung nicht aufgebend. Zistrosen *(Cistus álbidus)* sind robuste Kinder der „Macchia Mediterranea"; wenn man Sorten und Varietäten mit einiger Überlegung aussucht, blühen sie vom April bis Juli. In Eppan, in der Gärtnerei Platter, habe ich voriges Jahr zwei Pflanzen mit blassgelber Blüte gesehen. Ich möchte gern weiße haben, wie sie um Rom an den Straßenböschungen undurchdringlich wachsen, unwahrscheinlich dicht mit weißen Blüten übersät. Zistrosen können nämlich gut auch bei uns gedeihen, das weiß ich: In Bozen habe ich einige Exemplare in den Talferwiesen gesehen, und wenn sie dort wachsen, bekommt ihnen auch das Unterlandler Klima gut. Sie sind begeisterte Blüherinnen; auch wenn am Abend der Boden unter ihnen ausschaut, als hätten sie einen verspäteten Karneval gefeiert. Ihre Blütenblätter werfen sie nämlich unbekümmert ab, um am nächsten Tag wieder in neuem Erblühen Auferstehung zu feiern.

Über Zistrosen spricht man in Fachschriften wenig. Ippolito Pizzetti, ein Gartenexperte, behauptet, das sei der viktorianischen Moral zuzuschreiben: Der Pflanze hafte nämlich ein kräftiger, panischer, schlüpfrig-klebriger Duft an, und in ihrer glorreichen heidnischen Vergangenheit sei sie dem Einfluss des Gottes Priapus gefährlich nah gewesen. Das erklärt das vorsichtige Schweigen gewisser Kreise.

Nachwort: Diese Zeilen schrieb ich im fernen Jahr 1994. Zwei Jahre später hatte ich Gelegenheit, zehn verschiedene Sorten von Zistrosen in meinen Garten zu pflanzen. Da blühten sie sehr schön und ausgiebig bis zum Herbst 2001. Den darauf folgenden eiskalten, sehr trockenen Winter aber haben sie nicht überlebt.

Sommer

Regnet's am Sieben-Brüder-Tag
Gibt's sieben Wochen Regenplag

(10. Juli)

Ein paar Fehler
hat der Bambus doch

„Längs der schlanken Bambusschäfte hängen Streifen, wie Jade leuchtend ...“:
Ein chinesisches Gedicht für eine chinesische Pflanze. In ungezählten Abbildungen, in Versen, in Prosa haben die Künstler dieses Landes die Pflanze besungen und verewigt.

Für uns Tiroler mit unseren verhältnismäßig kleinen Gärten ist Bambus ein Wagnis. Denn die meisten Sorten entsenden so hartnäckige, zähe Ausläufer, dass die anfängliche Freude über die schöne, elegante Pflanze bald in Wehklagen und Haareraufen umkippt, weil uns der Nachbar mit einer gerichtlichen Klage droht. Die Pflanze ist nämlich ein Gras aus der Familie der *Gramináceae*, wie die Quecke, und wuchert genauso. Sie hat neben diesem Fehler aber viele schöne Vorzüge, und darum soll man sie nicht ganz aus den Augen verlieren. Denn vielleicht bietet sich Gelegenheit irgendwo in einem dunkleren Winkel des Gartens (Bambus verträgt viel Schatten), dort wo Unschönes versteckt werden sollte oder wo Sichtschutz gut tut. Den Ausläufern kann man mit einer dicken Plastikfolie, die man in guten Gartencentern erhalten kann, Einhalt gebieten. Sie soll senkrecht einen Meter tief in den Boden vergraben werden. Wer Bambus möchte, soll mit einem Handbuch für Botanik bewaffnet zum Kauf schreiten. Die Vielfalt ist nämlich beeindruckend: *Arundinária japónica, Arundinaria ánceps, Arundinaria pumíla (Syn. Sasa pumila oder auch Pleioblástis chíno), Arundinaria auricóma, Arundinaria gramínea (Syn. Pleioblástus gramineus), Arundinaria pygmáea (Syn. Sasa pygmaea, Sasaella ramosa); Sinarundinária nítida, Sinarundinaria muriálae (Syn. Thamnocálamus spathacésus); Semiarundinaria fastuósa; Phyllostáchys viridisgláucescens, Phyllostachis flexuósa und Phyllostachis bambusóides; Pseudosasa japónica; Shibatáea kumasása; Sasa tesseláta (Syn. Indocalamus tesselatus)...*
Übrigens sind dies lauter Sorten, die unsere Winter überstehen könnten. Ich

habe auch Bambus in meinem Garten. Er wurde sozusagen aus Müdigkeit erstanden; der Herr unserer Familie beklagte sich seit Jahren in unermüdlicher Beharrlichkeit darüber, dass wir als Einzige keinen Bambus hätten, er sei eigentlich so schön etc. Lange Jahre hielt die Gärtnerin tapfer dem ehelichen Gemecker stand, bis sie endlich nachgab, dem Familienoberhaupt seinen Bambus, einen *Phyllostáchys viridisgláucescens*, erstand. Die Vorsicht ließ sie die Pflanze in einem großen Plastikkübel halten, der alte Garten war ja nur sechshundert Quadratmeter groß. Dass der Bambus sich darüber besonders freute, kann niemand behaupten. Einige Jahre hielt er sich leidlich, schließlich fing er an, gelblich zu werden. Die Gärtnerin frohlockte heimlich.

Doch der geplante Umzug warf seine drohenden Schatten voraus, vieles wurde eilig in den neuen Garten transportiert. Auch der Bambus mitsamt Plastikkübel wurde eines Tages von den freundlichen Helfern unter einer Paulownia niedergestellt. Auf die augenscheinliche Hinfälligkeit der Pflanze und auf die steinige Trockenheit des neuen Standortes vertrauend, vergaß ihn die Gärtnerin. Ein Fehler. Seit 1994 ist er so kräftig gewachsen, dass sein dichter Horst mehr als das Zehnfache des Umfangs des schon lange gesprengten Kübels misst. Er scheint zügig weiterwachsen zu wollen. Leicht ergrimmt schneidet der Nachbar Schösslinge, die im Frühling neckisch durch seine Parkplatzsteine hervorlugen, ab und wirft sie demonstrativ auf unsere Seite herüber. Voriges Jahr habe ich einen kleinen Bagger holen müssen, der einen Graben um den Horst gebaggert hat: Ich habe eine dicke Plastikfolie als Wurzelsperre angebracht und den Graben wieder zugeschüttet. Ich hoffe, die Ausläufer geben jetzt Ruh'. Dafür ist der Bambus umwerfend schön. Und verdeckt mit dichtem, immergrünem, grazilem Laub eine unschöne Aussicht.

Eisenhut ist nur
für die schlimmsten Verbrecher

Botanisch wird die Pflanze *Acónitum napéllus* genannt. Der Volksmund nennt sie abwechselnd Odins Helm, Thors Hut, Trollhelm, Sturmhut oder Eisenhut; unter letzterem streitbarem Namen ist diese Waldpflanze auch uns Tirolern bekannt. An der Namengebung ist augenscheinlich die Form der tiefblauen Blüte schuld: Denn sie erinnert verblüffend wahrheitsgetreu an den Helm eines mittelalterlichen Söldners; im Besonderen an jenen des schwermütig blickenden Kriegers der Rembrandt'schen Schule, welcher aus schwarzer Tiefe blinkende Todesahnungen wachruft.

Nicht nur die auf Kriegsgefahren deutende Namengebung, sondern auch die Familie, die der Hahnenfußgewächse, sollte uns daran erinnern, dass Eisenhut tödliche Wirkung haben kann: Es genügen ein bis vier Milligramm Aconitin, um einen Menschen zu töten. Dieses Alkaloid wirkt schmerzvoll lähmend auf das Nervensystem; Atem- und Herzstillstand sind die Folgen der Einnahme. Im Altertum wurden nur die schlimmsten Verbrecher gezwungen, Aconitin zu trinken. Der Giftbecher, der dem Philosophen Sokrates gereicht wurde, enthielt den weitaus sanfter wirkenden Schierlingssaft mit Laudanum und Wein.
Die Griechen erzählten, dass der Geifer des Höllenhundes Cerberus, nachdem er von Herkules aus der Unterwelt entführt und angekettet worden war, sich in Aconitumpflanzen verwandelte. Im Mittelalter wurde der Extrakt der Pflanze tropfenweise gegen Zahnschmerzen, Trigeminus- und Ischiasschmerzen eingenommen. Heute wird in der Heilkunde von dem Eisenhut Abstand genommen. Aber niemand zwingt uns, die Blumen, die wir in unseren Garten pflanzen, mit Stumpf und Stiel aufzuessen. Dunkle Gedanken sind nicht Gärtnersache; sie sollen uns nicht hindern, Hübsches in den Garten zu holen. Besonders sommers ist Blaublühendes im Garten rar. Warum also auf einen kleinen dichten

Horst Eisenhut verzichten, wenn geeigneter Platz vorhanden ist? Wie der Fingerhut, *Digitális purpúrea*, liebt Aconitum leicht sauren, feuchten Waldboden, viel Humus und auch den Halbschatten, wie ihn Bäume bieten können.

Wir kennen von dieser Pflanze mehrere Sorten, einheimische wie fremdländische. Sie werden oft in Gärtnereien angeboten. Blau blühen *Aconitum japónicum* und *Aconitum autumnále,* gelb *Aconitum lycóctonum* und *A.anthora.* Neue Exemplare erhält man durch Teilung der dicklichen Wurzeln, der Rhizome, im Herbst; in einigen Fällen, wie beim einheimischen *Aconitum napéllus* und *Aconitum paniculátum,* auch durch Aussaat. Letztere ist aber eine nicht zu unterschätzende Geduldprobe. In meinem früheren Garten – leider misslang die Umsiedlung in den jetzigen, hier im neuen sind Boden und Wasser zu kalkhaltig –, unter Sträuchern, von Jahr zu Jahr dichter werdend, gedieh eine Gruppe dieser Blauhelme; ich hatte sie von einer Zillertaler Bäuerin erhalten, die sie „Gelstern" nannte; der Name für die Pflanze findet sich bei Hildegard von Bingen wieder. Die Bäuerin meinte, früher wären Gelstern in Köder gegen Wölfe eingearbeitet worden; dass dies nicht ein Gerede ist, beweist der Name des Gelben Eisenhutes, *Aconitum lycóctonum,* Wolfstöter. Ihre Großmutter hätte den Kindern auch Wurzeln des Krautes um den Hals gehängt, um die „Augen zu stärken". Ja, und abschließend: Elfen und Trolle lieben den Eisenhut. In mondhellen Nächten lassen sich die Elfen gerne auf die Blüten nieder.

Eisenkraut, ein Zauberkraut

Früher dufteten Verbenen so stark, dass Dichter darüber ins Schwärmen kamen. Heute ist der Wohlgeruch der Gartenverbene, *Verbéna hybrida,* zu Deutsch Eisenkraut, weggezüchtet worden. Die Parfumhersteller, die früher aus den kleinen Blüten kostbare Essenzen zauberten, sind über diese Wende nicht recht glücklich. Dafür sind die Pflanzen mehltauresistent. Aber mehltauresistente Pflanzen sind für hehre Poesie kein Anlass.

Für den Gärtner haben einheimische Verbenen wenig Bedeutung. Für eine Verwendung im Ziergarten musste er lange warten: Erst im 18. Jahrhundert wurden aus Chile, Peru, Argentinien prächtig blühende Exemplare eingeführt. Da sie nur aus warmen Gebieten stammen, sind sie nicht winterhart. Sie werden bei uns wie Einjährige behandelt. Aus verschiedenen Kreuzungen entstand die *Verbéna hybrida*, die heute vorwiegend in Balkonkisten gezogen wird. Sie gedeiht aber auch, will man den Erwerbsgärtnern glauben, in Beeten und Bordüren. Wählen kann man zwischen kriechenden oder aufrechten Varietäten. In meinen Beeten hat das nie zu meiner Zufriedenheit geklappt. Diese südamerikanischen Fremdlinge erkranken gerne oder verkahlen.

Verbenen möchten einen sehr sonnigen Standort, sonst nimmt die Blühfreudigkeit ab. Ein Rückschnitt Ende Juli sorgt für reichen Blütenflor bis zu den ersten Frösten. Um Erkrankungen vorzubeugen, muss der Boden gleich bleibend feucht bleiben. Verbenen brauchen leichte Erde, viel Wasser, kühle Nächte und viel Düngemittel, weil sie sonst schnell ihre Blühkraft verlieren. Voller Sonnenschein ist Voraussetzung für einen reichen Blütenflor, der leiseste Schatten beeinträchtigt ihre Blühfreude. Sie können durch Ableger oder mit Aussaat vermehrt werden. Doch bieten die Gärtnereien so viel und so billig davon an, dass sich beides kaum lohnt. Nur ein Sammler alter Sorten könnte sich damit befassen; Schönheiten aus dem vorigen Jahrhundert sind nämlich fast alle verloren gegangen.

Bereits die Römer kannten das Eisenkraut, sie schmückten damit ihre Gewänder, wenn sie fremde Herrscher in Friedensmission besuchten. Plinius beschrieb zwei Verbenen, die *Verbena officinális* und die *Verbena supína*. Ihre große Beliebtheit schrieb er jenen geheimnisvollen Liebestränken zu, die mit diesem Kraut zwecks Rückgewinnung verblassender Liebe bereitet wurden.

Auch die Hexen und Zauberinnen des Mittelalters brauten aus Blüten und Blättern des Eisenkrautes ihre Tränke*. „Unsere teutschen zauberer umbreissens auf S. Johanns abent mit golt und sylber, beschwerens, verzauberns und grabens auff S. Johannstag vor der Sonnen aufgang etc. Also fast ist die Zauberei eingerissen bei den geistlichen mehr dann bey dem gemeinen man." So Bock im Jahre 1539.

Aber Eisenkraut ist trotz dieser mittelalterlichen „gelehrten" Literatur eine Pflanze des Heidentums: Plinius erzählt, dass die Gallier das Kraut zum Wahrsagen benutzten und dass die Magier wahren Unsinn damit trieben. Wenn man sich damit salbe, so erlange man alles, was man wolle, es vertreibe Fieber, stifte Freundschaft und heile Krankheit. Man müsse es beim Aufgang des Hundssternes sammeln, wenn weder Sonne noch Mond scheine, zuvor müsse man aber die Erde mit Wachs und Honig versöhnen, mit Eisen einen Kreis um die Pflanze ziehen, dann sie mit der linken Hand ausgraben und sie hoch in der Luft halten; und wenn ein Speisesaal mit Eisenkrautwasser besprengt werde, so würden Gäste fröhlicher.

Dioskurides, griechischer Arzt und Pharmakologe, der im ersten Jahrhundert nach unserer Zeitrechnung lebte, bestätigt Letzteres und rät einem Fiebernden, Eisenkraut vom dritten Stängelknoten weg abzureißen und die Blätter in Wein zu geben; dieser Wein würde ihm sofortige Heilung bringen.

Auch Martin Luther schreibt von Leuten, die die heiligen Sakramente schänden, indem sie Täuflingen Eisenkraut in die Windeln stecken. „Das Eisenkraut ist gar gebräuchlich zu solchem Aberglauben. Wenn sie es ausgraben, gebrauchen sie dazu einen Haufen Zeichen, darnach lassen sie es weihen und rufen darüber an freventlich den Namen Gottes und der Heiligen, wie sie es vielleicht von einem gottlosen Juden gelernt haben." – War stets antisemitisch drauf, unser Martin: Hier stand er dem päpstlichen Rom um nichts nach. Mit dem einheimischen unscheinbaren Eisenkraut lässt sich also mehr anfangen als mit den gärtnerischen Züchtungen. Zum Abschluss noch ein Tipp: In den

Hundstagen soll es vor Sonnenaufgang gesucht, zur Krone geflochten und auf den Kopf gesetzt werden. Der mittelalterliche Autor schwört, dass man damit ein Jahr lang kein Kopfweh und keine Läuse mehr kriegt. Er vergisst aber zu sagen, wie lang der Kranz getragen werden muss.

* Was für die menschliche Gesundheit gefährlich werden kann; denn die Pflanze enthält eine nicht ganz harmlose Substanz, das Glukosid Verbenalin, welches starke Muskelkrämpfe und Herzstillstand bewirken kann. Früher wurde Verbenenkraut bei Eisenmangel (darum der deutsche Namen), bei Nierenbeschwerden und bei Gelenkschmerzen eingesetzt.

Märchenpflanze Frauenmantel

Der Frauenmantel ist eine richtige Märchenpflanze. Allmorgendlich liegen schillernde Wassertropfen im Mittelpunkt jedes sanftgrünen runden Blattes, das wie ein Spitzenhäubchen gefältelt und gerüscht ist. Mittags ist dieser Zauber dann verschwunden. Das Geheimnis liegt in den Spitzen der Blätter, die kleine Tröpfchen ausscheiden. Die Flüssigkeit sammelt sich dann wie eine Perle im Blattkelch. Obwohl die Blüten des Frauenmantels sehr klein sind, erblühen sie so zahlreich, dass sie wie eine gelblichgrüne Wolke an langen, sich sanft zur Erde neigenden Stängeln erscheinen.

Märchenhaft sind auch die Anwendungen seiner Heilkraft durch die Jahrhunderte: Heute wissen wir, dass die Pflanze unter anderem Tannin, Salicylsäure, Harz, Lezithin und Gerbstoffglykoside enthält, der Glaube an eine gewisse Heilwirkung also durchaus berechtigt ist. Schon sein Name weist darauf hin, dass die Pflanze ein Frauenheilmittel war: vor allem bei Geburten und hartnäckigen Blutungen, aber auch bei Ruhr und Durchfall, gegen Zuckerkrankheit, Epilepsie und Knochenbrüche, auf Wunden, Schorf und bei unruhigem Schlaf verwendet. Seit jeher verbessern unsere Bauern ihr Heu mit Frauenmantelblättern, da sie behaupten, das Heu würde durch sie nährstoff- und fetthaltiger. Frauenmantel scheint auch das Lieblingsfutter der Pferde zu sein. Im Mittelalter sammelten die Alchimisten die Wassertropfen aus den Blättern und versuchten aus diesem „Himmelswasser" den Stein der Weisen herzustellen. Der botanische Name der Pflanze, *Alchemílla vulgáris (xanthochlóra)*, die aus der Familie der Rosengewächse ist, erinnert an ihre fieberhafte Tätigkeit. In dem schönen Kraut erkannten Heilkundige des Altertums und des Mittelalters die Kraft des Planeten Venus, stellten die Pflanze immer unter den Schutz einer weiblichen Gottheit. Bei den Germanen war es die Freyja, bei den Römern Venus, nach der Christianisierung stand sie im Bann Mariens, hieß also Marienmantel, Muttergotteskraut, Frauenhilf oder „Unser lieb Frauen Mantel". Francesco Matthioli, der bekannte Florentiner Arzt aus dem 16. Jahrhundert, schrieb: „... so die weiber mit dem kochwasser von diesem Kraut jre heymligkeit waschen/dringt es dieselbige zusammen/als weren sie jungfrawen. Solch wasser mit leinentüchlein auff die brüste gelegt/lest sie noch größer wachsen ..." Blüten und Blätter wurden bei abnehmendem Mond gesammelt. Heute, in der Ära der modernen Gynäkologie, bereiten nur mehr wenig Gläubige ein Sitzbad mit Frauenmantelabsud oder brauen sich Tee mit den Blättern und Blüten. Dafür liebt der Gärtner dieses Kraut immer inniger, weil es vielseitig verwendbar ist. Es braucht keinen besonderen Boden, ist für ein bisschen Kompost im Frühling überschwänglich dankbar und gedeiht in gleicher Weise sowohl in der Sonne als auch im Halbschatten. Der Stock wird in wenigen Jahren so dicht, dass er geteilt werden kann, und aus eins wird zwei, dann drei, dann vier und so weiter, bis die Gärtnerin auch der Nachbarin etwas verschenken kann.

Die beste Zeit zur Teilung ist der Frühling. Aus Frauenmantel kann eine gefällige Beetumrandung gezaubert werden, die viele Monate hindurch schön bleibt. Als Lückenbüßer ist er unübertroffen. Wenn die Blüten abgeschnitten werden, grünt die Pflanze umso frischer. Bei allzu großer Hitze aber werden die Blätter gern braun und unansehnlich.

Frauenmantel

Das Fünffingerkraut:
eine Pflanze mit Macht

Die botanische Bezeichnung der Art, *Potentílla,* deutet auf Mächtigkeit und Potenz hin. Eine solche Deutung könnte in diesem Fall zu Enttäuschungen führen. Unser heimisches Fünffingerkraut, das sich überall still, stetig und ungebeten in den Beeten ausbreitet, ist ein ziemlich unauffälliges Kräutlein, auch wenn es hübsche, einer Hand ähnelnde Blätter aufweisen kann. Es entpuppt sich aber als eine wahre Plage, weil es sich unwahrscheinlich schnell vermehrt. Mit der Erdbeere verwandt – aus der Familie der Rosengewächse –, wirft auch das Fünffingerkraut lange „Fäden" mit Kindeln um sich, die innerhalb einiger Stunden ein zähes Würzlein in den Boden treiben. Ist der Gärtner nicht wachsam, wird in Kürze all sein Grünzeug davon überwältigt.

Die wenigsten wissen, dass das Fünffingerkraut angenehmere Verwandtschaft hat. Die krautigen Exemplare aus dieser Gattung, die *Potentilla récta* europäischen Ursprungs, gelb blühend, die *Potentilla nítida* und die *Potentilla atrosanguínea,* Letztere aus den Berghängen des Himalaja, beide rot blühend, interessieren vor allem Steingartenbesitzer. Sie finden sie in spezialisierten Gärtnereien, eine davon in Brixen, im Seidnerhof in der Köstlanstraße. Auch wer Steingärten nicht schätzt, sollte jedoch die perennierende Spielart der Gattung, *Potentilla fruticósa,* nicht unbeachtet lassen. Es sind doch die meisten Gärtner auf der Suche nach unkomplizierten, pflegeleichten, lang blühenden, krankheitsunempfindlichen Gewächsen, die die Beete mit unerschöpflicher Fülle von Blüten beglücken. All diese Wünsche erfüllt der Fingerstrauch; die Züchter haben eine hübsche Sammlung von Varietäten hervorgebracht. Die *Potentilla friedrichensii* mit hellgelben Blüten ist unter den Sträuchern die größte, da sie zwei Meter Höhe erreichen kann, dabei unwahrscheinlich resistent ist. Die *Potentilla béesii* ist viel kleiner von Statur, hat silbergraues Laub und bringt leuchtend gelbe Blüten hervor. Die Varietät „Elisabeth" wird knapp höher, zirka einen Meter, stellt kanariengelbe Blüten zur Schau und blüht vom März bis in den Herbst hinein. Die größten Blüten hat die *Potentilla fárreri*. Weiße Blüten und kleiner Wuchs kennzeichnen die *Potentilla mandshúrica*.

Eine weitere schätzenswerte Eigenheit dieses robusten Gewächses ist, dass es keine Vorlieben betreffs des Bodens anzeigt. Es wächst überall, in saurem wie in kalkigem Boden, in fetter wie in magerer Erde. Nur kurz zurück zu unserem „Unkraut" im Garten: Das Fünffingerkraut, das die Makellosigkeit unserer Nägel, die Haut unserer Hände, unseren Rücken und die Knie strapaziert – auch Gärtnerinnen werden älter! –, war in früheren, ärztelosen Zeiten ein richtiges Wunderkräutlein. Es wurde gegen Blutungen, bei Cholera, als Fiebersenker und als Tonikum eingesetzt. „Grüß dich Gott Fünffingerkraut / Bist so schön und wohlgebaut / Stehst allhier in meinem Garten / Von dir will ich Gnad' erwarten". Auch Plinius sagt vom Kraut: „Adhibetur ad purgandis domibus", zum Reinigen von Häusern genutzt. So mächtig muss die Wirkung gewesen sein, dass auch der Name sich anpasste.

Manche beginnen im Juni und sind im Oktober noch da

„Komm in meine Liebeslaube, in mein Paradies; denn in meiner Liebeslaube träumt es sich so süß. Wenn in den Büschen verliebt die Heimchen schwirren, zärtlich die Tauben gurren, freundlich der sanfte Mondschein lacht, hält Amor Liebeswacht." Heimchen sind Grillen. Und wenn einer bisher dachte, eine Laube sei zum Lesen, zum Teetrinken in familiärer Gemeinsamkeit, zum Faulenzen da, kann er sein trockenes Gemüt mit diesem Schmachtfetzen aus den Zwanzigerjahren ein bisschen aufpolieren. Lauben sind für Höheres geschaffen.

Zum Begrünen einer Laube sollte also nicht irgendeine Kletterpflanze herge-
nommen werden; eine Pflanze, die nach Höherem strebt, macht erst eine Laube sinnvoll. Eine sinnliche Pflanze ist das Geißblatt. Denn in warmen
Sommernächten duften seine Blüten sehr schwül und intensiv. Sie werden von
samtigen Nachtschwärmern umworben, die ihren langen Rüssel tief in die Blüte stecken. Ein gewisser Herr von Czech, von dem ich stark vermute, dass er
pädagogisch tätig war, wusste vielleicht von der betörenden Wirkung dieses
Duftes, wenn er sich etwas Ungutes beim Namen des Geißblattes dachte – ist er
doch auch noch als „Jelängerjelieber" beim gemeinen Volk bekannt. Herr von
Czech hat um 1900 allen Ernstes das Geißblatt zu jenen Pflanzen gerechnet,
die im Schulunterricht lieber nicht genannt werden sollten. Ebenso verwarf er
Bezeichnungen wie „Gretel im Busch" und „Liebstöckel". Ich vermute, dass er
am liebsten auch einige auffallende Pilze aus der Botanik geworfen und Orchi-
deen erst gar nicht zugelassen hätte. Von Czechs gibt es auch heute noch einige.

Zurück zum Geißblatt, botanisch *Lonicera* aus der Familie der *Caprifoliáceae*.
Mein Handbuch führt gleich 69 Varietäten und Hybriden an. Die besten sind
die duftenden. Und dann die, die vom Juni bis Oktober blühen. Nicht alle
Geißblattsorten klettern. Will man also lauschige Plätzchen überwachsen lassen, soll man sich kletternde Sorten aussuchen. Ich kenne keine Pflanze, die so
enthusiastisch und in überschäumender Lebensfreude Schlinge um Schlinge
um sich wirft. Liebt der Gärtner Ordnung und Disziplin, so muss er ständig
und drastisch mit der Schere dazwischenfahren. In nobler Nonchalance lässt
dies die Lonicera über sich ergehen. Es scheint sie nicht zu kümmern. Sogar
der Boden, in welchen sie ihre Wurzeln gräbt, ist ihr gleichgültig. Natürlich ist
ihr ein fetter Gartenboden lieber, aber sie gedeiht auch im Mörtelabfall an der
Hausmauer, im Grieß des alten Bachbettes, im Aufwurf des Baggers. Nur im
Schatten oder an Nordseiten wächst sie zögerlicher. Aber sie wächst.
Und die gute alte Gartenlaube wird wieder aktuell: Ein stilles umranktes Plätzchen, wo man sich ungestört zurückziehen kann, mit einer Bank, mit Nachtvio-

len und einem Ausblick auf den Mond. Falls Sie selbst zu nächtlicher Stunde eine weiche Matratze und Warmes zum Zudecken einer unbequemen Holzbank vorziehen, also zu weise geworden sind für selig wispernde Zweisamkeit in duftender Laube, wird es Ihnen die Nachkommenschaft umso heftiger danken.

Vorsicht mit Gladiolen

Gladiolen haben in unserem Zeitalter immer weniger Liebhaber: Sie wachsen nur mehr in riesigen Feldern in Holland, in einigen Bauerngärten oder in Erwerbsgärtnereien vor italienischen Friedhöfen. Ihre geschnittenen Blüten werden auch gerne von eiligen Männern, die zum Abendessen geladen wurden, als Mitbringsel für die Hausfrau gekauft. Besagte Hausfrau hat dann meistens keine geeignete Vase für sie und muss sie in den Putzeimer stellen, weil sie, Tisch und Boden überschwemmend, in normalen Vasen gerne umkippen. Aber es gibt immer noch eine Gruppe von Getreuen, die ihre Knollen im Handel erwerben und sie unbeirrt in ihren Garten pflanzen. Zu diesen Getreuen gehören auch wir Tiroler. Diese Knollen bildende, mehrjährige Pflanze, botanisch *Gladíolus* aus der Familie der *Iridáceae,* ist mit über 250 Arten vertreten. Zu Hause ist sie im Mittelmeergebiet und auch im tropischen Afrika.

Die Türken waren es, die ab 1630 die ersten wilden Gladiolen in ihre Gärten holten. In der ersten Hälfte des 18. Jahrhunderts kamen auch die tropischen Arten nach Europa. Seit 1840 gingen aus den zahllosen Kreuzungen Tausende von Gladiolen-Hybriden hervor. In der griechischen und römischen Antike waren Gladiolen Sinnbild der Trauer, der Tränen, des Schmerzes; darum verbleibt die Friedhofsnähe in Italien. Römische Mädchen bekränzten sich damit bei der Hochzeit der Freundin nicht aus Freude, sondern um ihren Schmerz zu bekunden, weil sie die Freundin nun endgültig verloren hatten. Die Blüten von damals waren kleinblütiger, zarter und tiefrot. Die Knollen der zahlreichen großblumigen Hybriden, die im Handel feilgeboten werden, pflanzt man bei uns erst nach den Eisheiligen, also ab Mitte Mai, ins Freie.

Um die Blüte zu beschleunigen, können sie aber auch ab Februar im Glashaus bei 15° vorgetrieben werden. Im Garten werden sie zirka 10 cm tief im lockeren Erdreich vergraben. Der Boden sollte mit viel Sand und sehr altem Mist vermischt werden. Auch Wurmhumus oder kalireicher, gut abgelegener Kompost eignen sich. Enthält der Boden zu viel Stickstoff, treibt die Pflanze zahlreiche Blätter, verweigert aber die Blüte. Auf die Beeterde kommt eine dünne Schicht Mulchmaterial; der Boden darf nie, wirklich nie austrocknen. Faule oder zerstreute Gärtner sollten auf Tröpfelgeräte zurückgreifen, sonst ist jede Arbeit umsonst gewesen.

Die Knolle treibt und blüht in einer Zeitspanne von 90 bis 110 Tagen. Die Pflanze braucht sehr bald eine Stütze. Jeder Windstoß ist für sie fatal. Die Stängel erheben sich nämlich fast meterhoch über dem übrigen Kleinkram des Beetes. Kluge Gärtner gestalten die Stützen so, dass sie unsichtbar bleiben, oder verbannen Gladiolen in die hinterste Ecke des Gartens. Zäune und unsichtbare Drähte erweisen hierbei gute Dienste.

Einige Hybriden, die aus *Gladiolus trístis*, *Gladiolus carinátus*, *Gladiolus grándis* gezüchtet wurden, duften nach Nelken, Pflaumen und Honig. Wer das Glück hat, diese zu finden, möge uns bitte benachrichtigen. Wir holen uns dann Tochterknöllchen.

Gladiolen

Geliebtes Mauerblümchen

Cheiránthus chéirii lautet der botanische Name des Goldlackes, die Italiener nennen ihn „Violaciocca", Veilchenbüschel, die Engländer „Wallflower", Mauerblume, die Franzosen „Giroflée des murailles", Mauer-Gewürznelke; in beiden Ländern sind Mauern im Spiel. Wir werden den Grund gleich erfahren. Die Pflanze gehört der Familie der Kreuzblütler an. Erst im sechzehnten Jahrhundert wird der Goldlack zur Gartenblume. Vorher kam er wild wachsend am Mittelmeer und in Nordafrika vor. In Kalifornien, in Madeira, Teneriffa fanden sich später enge Verwandtschaften, die zur späteren Hybridenzüchtung beitragen durften.

Unsere Vorfahren glaubten, dass der Goldlack im Garten dahinwelkte, wenn der Hausbesitzer auf dem Sterbebett lag. Und im Mittelalter wurden die Samen der Pflanze – sie enthalten Cheirantin, ein Gluchosyd, und Glucocheirolin – von den Frauen zur Abtreibung benutzt. Goldlack lässt sich so wenig trimmen und ist so unberechenbar, dass der Umgang mit ihm stete, angenehme Überraschungen bietet. Meist nimmt man ein, zwei Exemplare aus einer Erwerbsgärtnerei als Probekost mit. Die neuen Pflanzen sind ausgesprochen lichthungrig, müssen also vollsonnig gepflanzt werden. Der glückliche Käufer soll auch wissen, dass sie Kalk und mageren Boden lieben. Sonne und Kalk können wir in Südtirol in Fülle bieten, besonders wenn wir Unterlandler, Etschtaler, Bozner oder Burggräfler sind; mit dem mageren Boden ist's im Garten aber leider so eine Sache. Mein Goldlack hat das Problem auf seine Weise gelöst: Aus dem ihm vorbestimmten Beet ist er bereits nach dem zweiten Jahr geflüchtet, hat sich zwischen den Ritzen des Pflasters am Regenwassertrog angesiedelt und breitet sich jetzt triumphierend Jahr um Jahr weiter aus, alle Farben seiner Goldpalette ausspielend, von sattem Goldbraun zum hellen Gelb, vom Orange bis hin zum Dottergelb. Er blüht stark duftend ab März bis

Mitte Mai, eigentlich eine stattliche Leistung. Kein Mensch gibt sich mit ihm ab, keiner gießt, niemand düngt. Hie und da fällt die Gärtnerin im Herbst mit der Gartenschere über ihn her, weil er ihrer Meinung nach ausufert. Nun versteht der Leser auch die englisch-französische Anspielung auf Mauern in seinem Namen. In den Ritzen alten Gemäuers gedeiht der Goldlack nämlich am aller-allerbesten.

Goldlack kann jeder Versuchsfreudige selbst aussäen. Man nehme im Juni Sand, Gartenerde und eine Hand voll Hornmehl und mische alles zu einem schönen Substrat. In die Töpfe kommen zuunterst kalkhaltige Mauerbrocken; Zement ist eher schädlich. Dann wird das Erdgemisch darüber gegeben; darauf wird wie üblich gesät. Pro Topf sollen drei, höchstens vier Pflanzen berechnet werden. Der Samen geht in einer Woche schon auf. Sät einer im Juli und im August dann noch einmal, kann er zu Weihnachten die Blüte erleben: Die Pflanzen brauchen bis zur Blüte nämlich ungefähr fünf Monate. Die Töpfe lässt man bis Anfang November im Freien stehen, stellt sie dann in einen zehn Grad kühlen, hellen Raum. Das wär's.

Die Hortensie:
ein Paradebeispiel weiblicher Tücke

Warum blüht sie blau, dann wird sie rosa? Das ist die Frage, die sich jedermann, der mit ihr näher bekannt werden möchte, stellt. Die Hortensie ist ein Rätsel. Und: Nur hoffnungslos altmodische Leute lieben die Hortensie. Wer sie aber trotz Moden zu schätzen weiß, dem schenkt sie eitel Freude. Schon unsere gartenkundigen Großmütter wussten, dass man die Hortensie mit Alaunlösung gießen muss, um blaue Wunder zu erleben. Ist der Boden sauer und enthält er

Aluminium, werden ihre großen schweren Köpfe blau. Ist der Boden eher kalk-haltig, kehrt sie zu ihrem ursprünglichen rosa oder weißen Inkarnat zurück.

Für männliche Gärtner ist die Hortensie ein Paradebeispiel weiblicher Tücke. Sie sei – so wird behauptet – Meisterin der verführerischen Täuschung. Nichts als Trug ist das, womit sie ihre Bestäuber anlockt. Die eigentlichen Blüten sind winzig. Was lockt und schön tut, sind die unfruchtbaren, aber auffallenden Kronblätter. Man erzählt, dass sie sogar ihren Namen über einen Betrug erhielt: 1766 schiffte sich Philibert Commerson, ein geachteter Botaniker, begleitet von einem hübschen jungen Assistenten namens Jean Barré, in Rich-tung Südsee ein, um die Flora ferner Welten zu sammeln und zu studieren. Zwei Jahre lang bestimmten Commerson und sein Assistent Pflanzen, unter-suchten Samen, Blätter und Blüten. In Haiti gibt es einen unangenehmen Zwi-schenfall: Der Häuptling der Insel vergafft sich in den jungen Mann, es kommt zu Handgreiflichkeiten, und dabei wird der Jüngling arg zerzaust; er verliert die Jacke, jemand zerreißt sein Hemd, oh, Staunen! Es stellt sich heraus, dass er kein Jüngling, sondern ein Mädchen ist. Namens Hortensie. Wir wollen nicht unsere Zweifel darüber laut werden lassen, wie es dazu kommen konnte, dass Commerson wohl männliche von weiblichen Blüten zu unterscheiden ver-mochte, aber nicht Weiblein von Männlein.

Der botanische Name der Hortensie ist nicht poetisch. Sie heißt *Hydrangea macrophylla*; manche wollen die Bezeichnung mit „großkopfete Säuferin" über-setzen. Sie ist, das stimmt, eine ewig Durstende. Im Sommer braucht sie Was-ser, soll sie so schön werden, wie sich's der Gärtner wünscht. Regenwasser mag sie am liebsten. Wie alle weiblichen Wesen ist auch sie zäh und langlebig. Und ihre Blütenköpfe auch; man braucht sie nur abzuschneiden und kopfunter auf-zuhängen, bis sie getrocknet sind. Dann halten sie über Jahre. Will eine Gärtne-rin eine ansehnliche Sammlung an Hortensien anlegen, so braucht sie nur die Töpfe, die sie zum Muttertag und zum Geburtstag geschenkt bekommt, in den Garten auszupflanzen. Da gibt es Exemplare mit gerüschten Scheinblättern,

Hortensie

solche, deren Blütenköpfe so flach sind wie Teller oder wie ein Spitzendeckchen aussehen, andere mit ballonähnlichen Blütenköpfen, die zu Kindskopfgröße anschwellen können, solche, die purpurrot sind wie Gewänder römischer Kardinäle, andere wieder cremefarbig mit einem Anflug von verschämter Röte. Will jemand aber seine Sammlung erweitern, so besorge er sich eine Kletterhortensie, eine *Hydrangea petioláris*. Die wächst auch dort, wo nur Efeu gedeiht, an dunklen Mauern der Nordseiten.

Auch die *Hydrangea paniculáta* ist leicht an den cremeweißen überhängenden Blütenrispen zu erkennen. Sie wächst gut in kalten Gegenden, und Pusterer wie Passeirer Gärtner sollten sie furchtlos erwerben. An dieser Hortensie dürfen die Triebe im Frühling sogar – im Gegensatz zu den „gewöhnlichen" Hortensien, die keine Schere sehen wollen – stark gekürzt werden. Nur sie blühen am einjährigen Holz. Die Züchterin Rita Paoli aus Florenz empfiehlt auch die Amerikanerin *Hydrangea quercifólia* für unsere Gegenden, sie sei besonders robust. Der Strauch blüht lang; die überhängenden kegelförmigen Blütenstände mit weißen Scheinblüten sind nicht zu übersehen. Mit zunehmendem Alter färben sie sich violettrosa. Und im Herbst ist das Laub kupferrot. Die Pflanze sollte als Solitär stehen, erstens ihrer Schönheit wegen, zweitens, weil man so die Ausläufer, die sie eifrig bildet, leichter unter Kontrolle hat.

Die Königskerze:
eine wollige „Zuagroaste"

Himmelbrand, Wetterkerze, Wollkraut, so wird im Volksmund die Königskerze – *Verbáscum thápsus* aus der Familie der Braunwurzgewächse – genannt. Eigentlich ist die Pflanze keine Gartenbewohnerin, sie kommt eher an sonnigen, steinigen Hängen vor. „...Trotzig und beharrlich sollten wir in unseren Gärten aufbewahren, was die Ärzte längst nicht mehr brauchen und was draußen gefährdet ist", schreibt Jürgen Dahl in einem seiner Bücher. Ich lasse Königskerzen überall dort wachsen, wo sie allein aufgehen, wo sie mir nicht hinderlich sind.

Zwei Jahre braucht eine Pflanze, um zur Blüte zu kommen, und viel Platz, denn die stattliche Schöne kann mannshoch und noch höher werden. Ihre filzig behaarten Blätter entfalten sich bei günstigen Bedingungen in wechselständiger Runde meterlang in die Breite. Die abgepflückten Bodenblätter verwende ich im Nutzgarten zum Abdecken von frisch Umgepflanztem; wenn sie verwelkt sind, haben die Würzelchen der kleinen Pflänzchen bereits Fuß gefasst. Königskerzen sind alte Kultpflanzen. Wachsen sie in der Nähe des Hauses, halten sie Blitze fern. Die „Wetterkerzen" sollen darum nicht ohne Grund ausgerissen werden, sonst beschwört man brennendes Unheil herbei. In den geweihten Kräuterkörben am Hochunserfrauentag dürfen sie auch nicht fehlen: „Unsere Liebe Frau geht über das Land / Sie trägt den Himmelbrand in ihrer Hand."
Der Tee aus den münzengroßen gelben Blüten, die zur Sommersonnwendzeit kranzförmig am hohen Blütenschaft erscheinen, gilt als heilkräftig. Er wird bei Erkältungen, kräftigem Husten und Halsentzündungen eingenommen. „Wer ein schwaches und trauriges Herz hat *(qui debile et triste cor habet)*, soll (Wullena) zusammen mit Fleisch, Fischen oder Kuchen kochen und essen, dann wird sein Herz gekräftigt und wieder freudig werden", schrieb die Äbtissin Hildegard von Bingen vor 800 Jahren. Die tiefen Wurzeln der alten Zauberpflanze sollen bei Vollmond ausgegraben werden. Sie erleichtern den Kindern das Zahnen: Auf der Brust sind sie für die vorderen, auf dem Rücken für die hinteren Zähnchen hilfreich.
Als Wettervorhersage scheint der Blütenschaft der Pflanze besser noch als der Schweizer Wetterdienst im Fernsehen zu sein: Dreht die Spitze der Blütenrispe nach Osten, zeigt sie gutes Wetter an; wendet sie sich gegen Westen, kommt schlechtes Wetter daher. Steht ein Blütenkränzchen besonders tief am Stängel,

bedeutet das frühen Schnee. Folgen auf eine Blütenreihe wieder Blätter, wird es nach dem ersten Schnee lang nicht schneien. So viele Blütenringe angesetzt sind, so viele Schneefälle dürfen erwartet werden.

Und endlich: Zu Johanni, am 24. Juni, sollte ein Königskerzenblatt unter Farnwedel gelegt werden, denn darauf fällt mitternachts dann der (Farnsamen). Dieser (Samen) macht Elfen, Hexen und Goldadern sichtbar, den Sammler selbst macht er unsichtbar: „Wie in des Wollkrauts zaubrischer Schlinge / Listige Meister Farnsamen gewinnen", so Clemens Brentano, dem die geheimnisvolle Gabe der Königskerze also auch bekannt war. Wir durften als Kinder bei sommerlichen Familienfesten die mit Stearin präparierten langen Blütenschäfte anzünden: Die Fackeln brannten hell und lange.

Lavendel ist dankbar

Ich kenne eine Gärtnerin, die sich dem Lavendel verschrieben hat. Sie nennt ein sehr kleines Stück Land ihr eigen: Ein „Schnupftuch" von zehn Meter Länge, zwei Meter Breite; hat eine Mauer als oberen Abschluss, eine Mauer als unteren Abschluss und jede Menge Steine zwischendrin. Im Sommer brennt die Sonne zehn Stunden lang den Boden aus. Jede andere hätte aufgegeben. Mit übermenschlicher Ausdauer hat jedoch besagte Gärtnerin Stein um Stein gesammelt und entsorgt: „Ich hätte damit eine weitere Mauer aufrichten können!". Dann hat sie riesige Mengen herbstlichen Laubes zusammengetragen und unter die Erde gemischt.

Das erste Jahr hat sie „bloß Geranien in Töpfen" auf ihr Beet gestellt, auch weil sie sich nicht recht ans Pflanzen wagte. Dann schenkte ihr eine Freundin eine Lavendelpflanze. Die grub sie in das Beet ein; im Herbst war sie erstaunt, wie diese gewachsen und gediehen war. „Da habe ich verstanden, dass mein Beet für Lavendel wie geschaffen ist." Und so pilgerte sie im Frühling in die nächste Gärtnerei und verlangte nach allen lagernden Lavendelsorten. Sie erwarb Exemplare der hellblauen einfachen *Lavándula spíca*, unseres Spikets, einige Pflänzchen von *Lavandula stóechas*, dem Schopflavendel, mit purpurnen von Scheinblüten gekrönten Blütenrispen, und auch *Lavandula latifólia*, dem Großen Spiket; das ist eine Lavendelsorte, die dem bekannten Lavendel sehr ähnelt, aber weniger üppig blüht.

Diese Pflanzen bildeten den Grundstock der Sammlung. Jahr um Jahr forschte sie in den Gärtnereien nach neuen Sorten; sie besitzt mittlerweile mehrere seltene, sogar in Capri und in Südfrankreich erstandene Exemplare, darunter viele mit größeren gekerbten Blättern, die besonders aromatisch duften. Die silbrigen Blätter ihrer *Lavandula multifída*, die ursprünglich aus Madeira stammte, duften nicht. Dafür sind die Blüten sehr groß und tiefviolett. Natürlich musste sie alle wegen ihrer Unerfahrenheit mehrmals umsetzen. Da sie keine Ahnung hatte, wie sich die Sträucher entwickeln würden, setzte sie die jungen Pflänzchen nach Gefühl ins Beet. Mehrere Jahre nacheinander musste sie deshalb immer wieder einige ausgraben, zurück- und vorpflanzen: Die Exemplare, die sich ungestüm ausbreiteten, kamen an die hintere Mauer, die kleineren, zögerlicheren wurden nach vorne befördert. Aber nun kennt sie alle ihre Pappenheimer, und im Beet ist Ruhe eingetreten. Das regelmäßige In-Form-Schneiden nach dem Verblühen und der herbstliche Rückschnitt der Sträucher sind die wichtigsten Arbeiten, die im Lavendeljahr anfallen.

„Das Beste an meinem Beet ist, dass ich nie gießen muss", findet sie. Lavendel liebt bekanntlich Trockenheit. Im Herbst geht unsere Vorsorgende aber immer noch fleißig Laub sammeln; in einem kleinen Park darf sie mit Einverständnis des Gemeindearbeiters die Blätter zusammenrechen. Damit schützt sie empfindlichere Südländer. Das Ergebnis dieser Tätigkeit ist inzwischen beachtlich. Das lange schmale Beet ist vom Juni bis Ende August in einen wogenden changierenden Schleier von Lavendelblau gehüllt, vom hellen bis zum dunkelsten Blau. Der Basso ostinato der Bienen und Hummeln untermalt den Anblick mit barocker Gartenmusik. Sind die Sträucher verblüht, wirken die silbrig schimmernden Blätter sehr edel. Die Gärtnerin will im nächsten Jahr versuchen, einige verhaltene rote Farbtupfer in all das Blau hineinzuweben. Ich habe zu roten Zistrosen *(Cístus purpúreus)* und zu Spornblumen *(Centránthus rúber)* geraten, beide für kalkhaltige, durchlässige, trockene Böden geeignet.

Ein kleiner blauer See aus Leberbalsam

Man hat so seine Abneigungen, und je weniger man sich damit auseinander setzt, desto hartnäckiger werden sie. Bei mir hatte sich eine dieser Abneigungen so eingefleischt, dass es der von Neumarkt fast 1000 km entfernten Bordüren des „Sizilianischen Gartens" von Sanssouci bedurfte, um mir ein Licht aufgehen zu lassen: Ich spreche von meinen Vorurteilen gegen den blauen Leberbalsam, *Agerátum houstoniánum,* bei uns in Friedhöfen und in Balkonkästen bis zum Überdruss gesehen. Ich war überzeugt, Ageratum sei eigentlich zu nichts anderem gut.

Nun ist es an der Zeit, diese Überzeugungen zu widerrufen: In Sanssouci stand nämlich der Leberbalsam wie ein kleiner tiefblauer See zu Füßen eines rot-gelb blühenden *Abutílon-megapotánicum*-Bäumchens, er wurde umsäumt von silbrigem Wollziest, *Stáchis lanáta,* vom krausblättrigen Silberrainfarn, *Tanacétum argénteum,* und von zwei Salbeisorten, einer violett-blau und einer hellblau blühenden *Sálvia nemorósa.* Für letztgenannten Salbei gibt es übrigens auch keine gültige Entschuldigung, ihn nicht in den Garten zu holen, da Salvien dicht, langlebig und anspruchslos blühen. Was mich zum genaueren Hinblicken veranlasste, war auch die gesunde Üppigkeit, die erst das eigentlich Schöne ausmachte. Viele Pflanzen zu haben, macht noch keinen Garten. Sie müssen richtig dicht und überquellend „kommen", ich hoffe, Sie verstehen, was ich meine.

Der Leberbalsam stammt aus Peru und Mexiko, und der botanische Name, *Ageratum*, weist auf die Langlebigkeit entweder seiner Blüten oder seiner Fruchtstände hin – die Autoren widersprechen sich; *aghératon* bedeutet alterslos. Seine Blüten sind runde wollige Kügelchen, die sehr dicht vom Mai weg bis in den tiefen Herbst hinein erscheinen. Er gehört der Familie der *Compósitae* an, und man kennt von ihm dreißig Arten. Seine Hybriden sind noch zahlreicher, blühen weiß, rosa und über alle Blautöne bis zum dunklen Violett, vom hellen Lavendelblau bis hin zum tiefen Preußisch-Blau. Hansen und Stahl, bekannte Gartenautoren, zitieren den Leberbalsam zweimal; zuerst möchten sie ihn neben schwefelgelbem Tagetes blühen sehen, dann zusammen mit der tiefblau blühenden *Verbéna rígida*, einer Eisenkrautsorte.

Und zum Eisenkraut – nicht mit Eisenhut verwechseln! – fällt mir ein netter, holpriger Vers ein, den ich einmal im Sarntal bei einem Lehrer aufgelesen habe: „Der kann Eisenkraut begraben, dass ihn die Gitschen lieber haben; es haben etliche Leit den Wahn, dass das Kraut – die Leit traut." Mein Sarnerisch ist leider mangelhaft, ich bitte um Verzeihung. Der Vers spottet dem verbreiteten Volksglauben, es seien geheimnisvolle Kräfte im Eisenkraut, die die männliche Potenz steigern. Derselbe Lehrer wusste trotz vorgebrachter Ermahnung in Versform ein unfehlbares Rezept mit dem Kraut: Sieben Stängel Eisenkraut mit sieben Fäden aus einem Hemd des geliebten Mädchens zusammengebunden und das Bündel dann unter das Kopfkissen der Angebeteten gelegt, dieses Sträußl würde mit Sicherheit ein Feuerwerk an Liebe entfachen! Der Berichter ließ keine Einwände gelten – praktische Tipps gab er leider nicht, auch dann nicht, als die Zuhörer wissen wollten, wie man um Himmels willen zu besagtem Hemd und wie dann anschließend ins Schlafzimmer der Verehrten komme.

Der Maulbeerbaum:
schwarz und weiß

Der Schwarze Maulbeerbaum, *Mórus nígra*, hat schwarze Beeren und stammt aus Vorderasien; der Weiße Maulbeerbaum, *Morus álba*, hat weiße Beeren und war in China zu Hause. Seit Jahrhunderten sind beide in allen wärmeren Gebieten Europas anzutreffen, weil sie Futter für die kostbaren Seidenraupen lieferten. Maulbeerbäume entwickeln sich langsam zu eigenwillig majestätischen Formen, sehr schön im Laub und in der Krone. Eine intelligente und sicherlich kultiviertere Alternative zur ewig falsch placierten Libanon-Zeder.

Die Bauern der Pfalz nennen den Maulbeerbaum immer noch „Zwing-uff", da sie um 1700 von ihrem Kurfürsten zum Anbau gepresst wurden. Auch ein verärgerter Friedrich der Große zwang seine sturköpfigen Bauern mit Waffengewalt dazu, den Baum anzupflanzen und Seidenraupenzucht zu betreiben. Das, weil er der hohen Zölle überdrüssig war, die die Österreicher und Franzosen für den Export der Rohseide verlangten. Für uns Tiroler ist es interessant zu wissen, dass die Seide von ungefähr 1690 bis zirka 1870 sozusagen im eigenen Land hergestellt wurde: Rovereto war die Seidenstadt der Habsburger, beherbergte Seidenwirker, Seidenweber und Seidenfärber. Die Bauern der Umgebung züchteten die Raupen. Da diese Licht, Luft und Sauberkeit benötigten, um zu gedeihen, profitierten auch die Bauern davon, sie lebten gesünder, darum auch länger. Die Seiden aus Rovereto sind heute noch im Österreichischen Museum für Angewandte Kunst in Wien zu sehen, eindrucksvolle Bekundung hochkarätigen Handwerks.

Auch im Südtiroler Unterland sind gelegentlich verwilderte Überbleibsel der einstigen Maulbeerbaum-Pflanzungen anzutreffen. Der Schwarze Maulbeerbaum hat kleine, süße, wohlschmeckende Früchte. Der Mund naschhafter Kinder verschmiert sich tiefschwarz, sobald sie im Juni zu den dunklen Beeren dieses Baumes kommen. Für die Flecken am Hemd gibt's dann zu Hause „Tachteln", denn die lassen sich nicht mehr auswaschen. Im Mittelalter fanden die Früchte in Klöstern verschiedene Verwendung: Mönche pressten aus ihnen Tinte, Nonnen bereiteten „Vinum Moratum", den Maulbeerwein.

Der Weiße Maulbeerbaum produziert ebenfalls süße weiße Beeren, mit einem grasigen Nachgeschmack; nicht jedermanns Sache. Maulbeerbäume sind Bäume für intellektuelle Gärtner. Ein Weißer, ein Schwarzer Maulbeerbaum und dazwischen ein Bankl, darauf man sich im Sommer niederlassen kann; ein geeigneter Ort, um im angenehmen Schatten an Thisbe und Pyramus, die unglücklichen Liebenden, zu denken. Klassisch Gebildete kennen die tragische Geschichte der beiden, die sich nach langer heimlicher Liebe unter einem Maulbeerbaum treffen wollten: Thisbe kommt als Erste, ein Löwe mit blutverschmiertem Maul nähert sich, Thisbe flieht, verliert dabei den Schleier. Der Löwe spielt damit, trollt sich dann davon, und Pyramus, der später eintrifft, findet das blutige Tuch. Er glaubt die Gespielin vom Untier gefressen, will nicht mehr leben, ersticht sich, dass sein Blut hoch bis zu den weißen Beeren des Baumes spritzt. Als Thisbe zurückkommt, sieht sie ihren Geliebten tot daliegen und stößt sich das Messer in die Brust. Ein bisschen sentimental. Auch Shakespeare hat sich darüber lustig gemacht. Alle Liebenden neigen zu überstürzten Handlungen; bei Romeo und Julia passiert im Grunde dasselbe. Zum Lachen ist Liebe wahrlich nicht, das kann jeder bestätigen, der darunter gelitten hat.

Bewahrer der Keuschheit:
der Mönchspfeffer

Aus der engsten Verwandtschaft des Eisenkrautes stammt der *Vítex ágnus-cástus,* zu Deutsch Mönchspfeffer, eine bei Laien wenig oder gar unbekannte Pflanze. Der stattliche Strauch aus Mittelmeergebieten ist in seiner Gesamtheit schön: Die graugrünen Blätter, der herb-aromatische Duft, die hellviolette Blüte, die eigenwillige Wuchsform sind Vorzüge, die ein Gärtner nicht unbeachtet lassen sollte. Nicht nur als Solitär, sondern auch als Kontrastpflanzung zwischen anderen Sträuchern und zu dunklem Hintergrund wirkt er gut. Stoisch verträgt er drastische Rückschnitte, eignet sich deshalb gut für geometrisch gestutzte Hecken. Früher wurden seine biegsamen Gerten zu Flechtarbeiten und auch im Bau benutzt, um z.B. die Lehmfüllung im Fachwerk zu festigen.

„Vitex" stammt aus dem Lateinischen *viere,* flechten, „Agnos" ist der Name, den Dioskorides, ein Pharmakologe und Arzt aus dem ersten Jahrhundert nach Christus, ihm gab, „Castus", keusch, weist auf die Anwendung hin. Bereits in Athen, während der Feste, die zu Ehren Demeters gefeiert wurden, schmückten sich die heiligen Jungfrauen und Priesterinnen mit Zweigen und Blüten dieses Strauches. Um ihre Keuschheit zu bewahren, wie es von der Göttin verlangt wurde, schliefen sie auf seinen Blättern. Die Ägypter nannten den Samen „Hhabb el Fagad", Frucht des Verlierens.

Die Kirche konnte solch schöne Riten und Anwendungen natürlich nicht den Heiden und Heilern überlassen; ein nicht näher bekannter Serapion berichtet, dass „die Blätter, die Samen oder die Blüten, die in Säckchen unter dem Gesäß ins Bett gelegt wurden, die Keuschheit der Mönche bewahren, darum wird er in vielen Ländern im Klostergarten gepflanzt". Bis zur Mitte des 19. Jahrhunderts bereiteten Klosterbrüder aus den Blüten und Samen Tugendsäftchen, die sogar manchen Frommen ziemlich suspekt erschienen. Andere Ärzte, die sich weniger mit der Keuschheit befassten, empfahlen Sitzbäder mit Blätter- und Früchte-Absuden gegen Hämorrhoiden. Heute ist die Anwendung auf Verdauungs- und Menstruationsstörungen, Schlaf- und Appetitlosigkeit beschränkt.

Die kleinen rötlichen Früchte sind im Geschmack dem Pfeffer ähnlich. Eine Aussaat derselben lohnt sich nicht, viel einfacher ist die Vermehrung durch Stecklinge. Wichtig ist, dass der Strauch viel Wasser bekommt: Wild wächst er immer in Wassernähe. Im Pustertal und im Wipptal wird er wegen der dort herrschenden Winterkälte nicht gedeihen können, im Unterland, in Meran und im Überetsch hingegen gedeiht er leicht und ohne Schwierigkeiten. Das schönste und größte Exemplar, das ich jemals sah, liegt halb hingestreckt, halb emporstrebend in einem kleinen Park am Bahnhof von Rovereto. Ich wage sein Alter auf mindestens neunzig Jahre zu schätzen. Im Frühling heben die Vorbei-eilenden, seinem würzigen Blütenduft nachspürend, schnuppernd die Nase. Die meisten ahnen nicht, woher der Duft kommt. Mich plagt jedoch eine schlimme Vorahnung, dass er nicht mehr lange dort wachsen und duften wird, deute ich die Drohung der seit einigen Tagen dort geparkten Bagger richtig.

Der Rittersporn:
ein dankbarer Blüher

Dort, wo sie jetzt wachsen, in einem sonnigen Beet, hatte die Gärtnerin etwas anderes im Sinn: Sie wollte neben den hellgelb und braunrot blühenden Tage-tes auch sanftblaue „Jungfern im Grünen" haben, mit luftigem Laub und ver-haltenen Farben. Aber plötzlich wuchsen dicht an dicht Pflänzchen unbekannten Ursprungs aus dem Boden. Rasch bedeckten ihre tief eingekerb-ten Blättchen mildtätig die teuer erstandenen, doch rasch verkahlten – weil von gefräßigen Schnecken heimgesuchten – Tagetes. Es ist in den Jahren mehrmals vorgekommen, dass die Gärtnerin gedankenverloren Reste von Samentütchen aussät und das später wieder vergisst.

Bald waren die Namenlosen als Einjähriger Rittersporn, auch Ackerritter-sporn, *Delphínium consólida*, erkennbar; oder war es der Gartenrittersporn, *Del-phinium ajácis?* Vor dem Ansatz der Blütenrispen kann man diese beiden schwer voneinander unterscheiden: Ackerrittersporn hat verästelte Blütenrispen mit vereinzelten Blüten; Gartenrittersporn hat eine Rispe, an der die Blüten dichter

Rittersporn

sitzen. Warum also die unverhofft Aufgegangenen nicht wachsen lassen? Die einzigen eventuellen Sorgen betreffen die Zerstreutheit der Gärtnerin selbst. Einjähriger Rittersporn hat wie die „Jungfer" normalerweise eine verhalten blaue Färbung. Und wie bewiesen, vermögen die Schnecken diesem blühfreudigen Spornträger nichts anzutun. Wer einmal diese Pflanze in den Garten geholt hat, braucht sich um Nachwuchs nicht mehr zu sorgen. Der botanischen Namen „*Delphinium*" kommt vom Griechischen, im Altertum glaubte man eine Ähnlichkeit der Knospe mit einem Delphin zu erkennen.

In der Sympathiemedizin wurde der Rittersporn seines Aussehens wegen gegen „spitze" Schmerzen angewendet. Er vertrieb das „Stechen in der Brust"; der Absud aus Blüten und Blättern half angeblich gegen Harnverhaltung. Blüten und Blätter mussten rigoros zu Johanni, genauer gesagt in der Nacht zwischen dem 23. und dem 24. Juni, gesammelt werden.

In seinem „De omnium gentium ritibus" aus dem Jahr 1520 schrieb Sebastian Franck: „.... An S. Johannstag machen sie ein simetfeur / Tragen auch disen Tag sundere kräntz auf /.../ und trage ein yeder ein blaw kraut / Rittersporn genannt / in der Hand / Welches da durch in das feur siehet / dem tut diss das gantze jar kein aug wee / wie sie aberglauben / Wer vom feur zuhaus weg will geen / der würfft diss sein kraut in das feur / sprechend: / es gee hinweg und werd verbrent mit disem kraut all mein unglück." Die Pflanze wurde also unter anderem zum Heilen von Augenkrankheiten gesammelt. Und so erklärt sich der Name „Ottilienkraut" im Volksmund, nach der heiligen Ottilie, Patronin der Augensiechen.

Eng mit den einjährigen Garten- und Ackerritterspornen verwandt ist jener Rittersporn, der sommers seine hohen Blütenrispen wie Kerzen in die Höhe streckt. Leuchtende Blautöne in allen Schattierungen sind seine Spezialität. Da ist er unübertroffen, weil unübersehbar. Er heißt *Delphínium elátum* und ist mehrjährig, gehört ebenfalls der Familie der Hahnenfußgewächse an. Der Mehrjährige Rittersporn wächst bei uns am liebsten in luftiger Bergeshöhe. Dort scheint er sich besonders wohl zu fühlen. In Gärten wie meinem ist ihm wahrscheinlich die Luft zu stickig oder die Hitze zu drückend. Mehrere Exemplare, die ich immer wieder in meinen Garten holte, sind plötzlich an unbekannten Krankheiten eingegangen. Im Handel findet der Gärtner fast ausschließlich nur die neuen amerikanischen und englischen Hybriden mit doppelter Blüte mit schwarzem oder weißem „Auge". Ich bin mir nicht ganz sicher, ob sie mir gefallen. Vielleicht sind sie als Kontrast zu anderen Blautönen gut. Krankheitsresistenter sind die deutschen, einfach blühenden ganz bestimmt, das weiß ich mittlerweile aus Erfahrung.

Sind die einjährigen Rittersporne die armen Verwandten vom Lande, die auch dementsprechend behandelt werden können, weil pflegeleicht und unkompliziert, entfaltet der edlere Mehrjährige seine volle Schönheit nur nach Jahren optimaler Pflege. Es belagern ihn Mehltau, heimtückische Stängelfäule, gefräßige Schnecken. Verhängnisvoll sind Trockenheit sowie der Wind, der die schweren Blütenrispen beutelt: Wie bei allen hochgezüchteten Wesen ist dem Rittersporn der Kopf zu schwer. Sichtbar festbinden sollte der Gärtner die hohen Stängel nicht, sondern sich um Unauffälliges, Verschwindendes bemühen. Der Boden darf im Herbst nur mit reifem Kompost und mit lang abgestandenem Mist bedacht werden. Mineraldünger bekommt den Heiklen nicht.

Karl Förster, ein bekannter deutscher Gärtner, schreibt in seinem unvergesslichen Buch „Blauer Schatz der Gärten": „Es sind immer wieder verblüffende Erkenntnisse an diesem nervösen, unverwüstlichen und nur unter bestimmten Umständen und Behandlungen kapriziösen, widerspenstigen, blauen Geschöpf festzustellen ... Die Rittersporn zücher kennen ihre eigenen Sorten nie in allen Eigenschaften, nicht einmal im Verhalten zum Garten, geschweige denn zu fremden Böden und Klimaten." Ein Vollblutgärtner spitzt bei solchen Tönen sofort die Ohren: Eigenwilligkeiten und auch bittere Verluste durch all die Jahre sind ihm sofort wieder gegenwärtig. Förster warnt vor Sorten, die sich in den ersten zwei, drei Jahren stürmisch entwickeln, dann immer kleinlauter werden; „Strohfeuer" nennt er sie. Auch vor solchen, die bei Hitze die Blätter einkräuseln, die „Sonnenrunzler". Dann vor denen, die anstatt Blüten kahle Stellen an der Rispe aufweisen. Frostgefährdete Varietäten verschreit er als verwöhnt; unregelmäßige Verblüher, die oben noch Blüten öffnen, während die unteren alle schon abgefallen sind, missfallen ihm ebenfalls sehr. Er findet sie nur des Komposthaufens würdig. Lustig ist auch nachzulesen, welche der angebotenen Rittersporschönheiten er als „Wegelagerer", „Kerzenknicker", „Geizhals" und „Müllerbursch" betitelt. Und warum.

Rudbeckien
vermehren sich selbst

Wohin gehören die Ausgaben für den Garten aufgelistet? Unter „Allgemeine Instandhaltung"? „Handwerkerspesen"? oder „Sonstiges"? Weil die Gärtnerin mit dem Haushaltsgeld sparsam umgehen möchte, kauft sie jedes Mal nur drei bis sechs Pflanzen der jeweiligen Gattung, Art und Sorte. Trotzdem ist die Endsumme der Ausgaben fürs Grünzeug am Ende eines Haushaltjahres ziemlich beeindruckend, so dass das Heft mit den Eintragungen nicht gerade offen herumliegen gelassen wird. Das könnte nämlich den strengen Herrn des Hauses zu einer beiläufigen, mit zerstreutem Ton hervorgebrachten Aussage veranlassen, dass jemand, der solche Ausgaben tätigt, unter Kuratel gestellt werden sollte.

Doch müssen Blumenrabatten im Garten der Ästhetik wegen stets verschwenderische Fülle aufweisen. Ein Pflänzchen hier, eines dort, wirkt knauserig und kleinlich. Farbflecken sollen entstehen, das Gelb, das Rot, das Weiß müssen in großen Farbgruppen auftreten. Das ist der gärtnerische Grundsatz. So fahndet die Gärtnerin beständig nach Pflanzen, die sich leicht allein, sei es durch Selbstaussaat, sei es durch üppiges Wuchern, vermehren. In jedem Gartenbuch steht,

dass die Rudbeckie zu den Wucherern gehört. Also wurde in den Erwerbsgärtnereien danach gefahndet. Es war nicht leicht, sie in den Garten zu holen.
Andere Gärtner beklagen sich, dass sie, fasst sie einmal Fuß, nicht mehr aus
dem Garten zu kriegen ist. Bei uns war das nicht der Fall. Drei- oder viermal
wurde der Versuch gestartet, sie im sonnigsten Gartenabschnitt zwischen
Buchsreihen anzusiedeln. Sie zeigte der Gärtnerin keine Spur von Entgegen-
kommen. Die fünf, sechs gekauften Pflanzen gingen auf unerklärliche Weise
ein. Waren es die Schnecken, oder mochten sie den Boden nicht? Denn weder
Kompostgaben, Dunggüsse, Mulchschichten noch gutes Zureden halfen. Im
Frühling Gesätes erschien gar nicht erst. Bis eine alte Freundin, die Martha
Lang, einmal im Juni anrief: „Mechesch a poor Rudbeckienpflanzln?". Sie
konnte sich den Enthusiasmus, mit dem ihre unschuldige Frage beantwortet
wurde, wahrscheinlich nicht erklären. Seitdem sind Rudbeckien auch bei uns
kräftig im Kommen.

Dass die goldene Schöne Amerikanerin ist, war schon bekannt. In den
Büchern steht, dass sie es eher trocken und mager mag; bei der freigiebigen
Freundin kam sie aber auf fettem Gartenboden am üppigsten. Das ist das
Schöne am Gärtnern, dass es zwar Grundsätze gibt, aber keine Regeln, dass
man Gartenanleitungen lesen kann, aber nicht befolgen muss – so sagt Johannes Roth, ein Gartenfreund. Die besten Sorten für große Farbflecken im Beet
heißen *Rudbéckia fúlgida* „Goldsturm", Pflanzenhöhe 60 cm, rötlichgelb, *Rudbeckia laciniáta* „Goldquelle", mit doppelt gefüllter Blüte und mit 90 cm Höhe,
die kleine *Rudbeckia hirta* „Becky mixed", die Rot mit Gelb gemischt hat und 30
cm hoch wird, und die Rudbeckia „Herbstsonne", die spielend zwei Meter
Höhe erreicht und oft mit dem Topinambur verwechselt wird. Und alle Rudbeckien beginnen im Hochsommer mit dem Blühen und befleißen sich bis
zum Herbst mit der Hervorbringung einer mächtigen Fülle von Blüten. Lässt
man die Samenstände stehen, säen sie sich selbst aus. Das wollen wir wenigstens hoffen.

Rudbeckia

Schafgarbe

Eine Wiese aus Schafgarbe

Ich wünsch mir keinen „englischen" Rasen. Solch statussymbolträchtige Gebilde sind mir suspekt: Besitzer dieser Rasenflächen denken meist, dass alles Glück, sogar ihr Seelenheil, vom fachgerecht gestutzten Grashalm, von der Makellosigkeit ihres Greens abhinge. In meinem Garten findet sich nur ein gemähtes Wieserl; am liebsten hätte ich einen pflegeleichten Kamillenrasen, so wie ihn die englische Königin überall hat anlegen lassen, seit sie mit dem Personalnachwuchs Schwierigkeiten hat. Am unkompliziertesten wäre natürlich ein Schafgarbenrasen, ein langsam wachsender, der nur einmal im Monat gemäht wird und sonst überhaupt keine Scherereien bereitet. Er bräuchte nicht gedüngt und nicht bewässert zu werden, und auch „Unkraut" würde sich darin nicht wohl fühlen.

Schafgarben, aus der Familie der Korbblütler, kommen in vielen Spielarten wild in ganz Europa vor, von Sibirien bis in das Himalaja-Massiv. Sie wachsen am liebsten in voller Sonne auf trockenen, mageren, sogar rein sandigen Böden. Im Mittelalter als Wundkraut geschätzt, wurde die Schafgarbe, *Achilléa mille*fólium*, in den Kräutergärten der Klöster gepflanzt. „Diß kraut ist einer widerwertigen (gegenteiligen) natur / also / wo man diß kraut zerknutscht / unnd das auff die blutigen wunden legt / si gestehet das blut / herwiderumb wann einser ein blättlein in die Nasen thut / über eine kleine weile folgt das blut hernach", schrieb 1577 Hieronymus Bock, Verfasser eines bekannten Kräuterbuches.

Bei einer Schafgarbenwiese dürfte man das Gießen öfter vergessen, auch könnten mehrere Dutzend Kinder darauf täglich Fußball spielen. Die Pflanze wächst unerschrocken auch in Höhen von zweitausend Metern und bleibt – wenn regelmäßig gemäht – immer schön silbergrün. Versteht sich einer nicht aufs Mähen, erblüht die Wiese in Weiß und Rosa. Und mit dem Auflegen zerquetschter Schafgarbenblätter erfüllt der gläubige Christ die Vorschrift aus der Heiligen Schrift, wie das Pflegen von Kranken, und hat nach angemessener Zeit dann Anspruch, in den Himmel zu kommen: Denn die Blätter schließen, wie wir bereits erfahren, offene Blessuren. Nicht zufällig hieß die Pflanze im Volksmund Soldatenkraut; im Lateinischen weist ihr Name auf Achilles hin. Oder auch Frauenkraut, denn das Frausein ist oft ein blutiges, schmerzvolles Metier.

Bei den Weinbauern war die Schafgarbe bekannt, da sich, wenn ein Bündel des Krautes ins Fass gehängt wurde, der Wein leichter konservierte. Das Wort „Garbe" stammt aus dem Althochdeutschen „garwe", es bedeutet heilen. Unsere Bauerndoktoren verwendeten die Pflanze zum Behandeln von Akne und Haarausfall, gegen Hämorrhoiden, bei Wechseljahrstörungen und Hautkrankheiten, kurierten damit offene Geschwüre, Krätze, Brustentzündungen und Krampfadern. Mit Erfolg; auch heute noch sind sich die Ärzte über die heilende Wirkung der Bestandteile dieser Pflanze einig: Sie enthält Glykoside, Bitter- und Gerbstoffe, ätherische Öle, Achillein, Nitrate, organische Säuren, Alkaloide, Phosphate, Kali, Tannin und Harze. Leider bleibt meine reine Schafgarbenwiese aber noch ein Wunschtraum und wird es wahrscheinlich noch lange bleiben. Denn nirgends finden sich dafür in ausreichender Menge Samen oder Pflänzchen zum Kaufen. Ich werde in mühevoller Sammelarbeit den Grundstock selbst anlegen müssen. Mittlerweile haben die Engländer orangefarbene und rote Schafgarben gezüchtet. Sie machen sich im Beet mit anderen Sommerblühern recht gut aus.

Sommerastern haben
keine Geschichte

Sommerastern haben weder eine Geschichte noch sind sie für die Medizin wertvoll, und auch der europäische Aberglaube hat sich nie mit ihnen beschäftigt. Seit 1821 tragen sie für die Botaniker einen griechischen Namen, der sie aus der platten Anonymität hebt: *Callístephus chinénsis* oder *horténsis.* „Kalos" bedeutet schön, „stephos" Kranz oder Diadem – „hortus" ist der lateinische Name für Garten. „Des Gartens bekränzte Schöne" also; den Namen erhielt die Pflanze vom deutschen Botaniker Christian Gottfried Nees von Esenbeck. Bei uns nennt sie aber jeder schlicht Sommeraster. Diese farbenfrohen Blumen sind aus keinem Garten mehr wegzudenken, selbst der kleinste Bauerngarten hat sie irgendwo im Register.

Max Frisch hat ihnen in seinem „Don Juan" ein farbenfrohes Denkmal gesetzt, obwohl sie in den Gärten Sevillas zur Zeit seines Don Juan noch gar nicht blühen konnten. Sie sind nämlich – aus dem hügeligen Norden Chinas stammend – 1728 zuerst nach Frankreich und 1732 dann nach England gelangt. Die Züchter haben aus den ursprünglich einfach blühenden, weiß oder blassrosa blühenden Sorten eine Unmenge von Varietäten erhalten: Selbst ein ganzes Gärtnerleben vermag sie nicht alle in Kultur zu bringen. Auch die Höhe der Pflanze wurde nach Bedarf reguliert. So eignet sich Zwergwuchs für Rabatte und Randbeet, ihr Mittelwuchs hat keine besonderen Standortansprüche, und die Riesen unter ihnen eignen sich als Schnittblumen und müssen gestützt werden, da der überreichliche Blütenflor sie sonst zu Boden zwingt.
Jeder, der sie ein paar Jahre im Garten hatte, kennt die Eigenwilligkeiten der Sommerastern allzu gut. Denn Macken haben sie wie alte Hagestolze. Zum Ersten möchten sie nicht alle Jahre auf demselben Platz gepflanzt werden: ärgerlich, denn sie wären – besonders die Zwergformen – hervorragende

Bodenbedecker für immer dasselbe Beet. Zum Zweiten hängt ihre Blühfreudig-keit von der Länge der Tage ab. Dauert der Tag mindestens vierzehn Stunden, setzen sie reichlich Blütenknospen und Blätter an. Sind die Tage kürzer, die Temperatur niedriger, treiben sie nur in Bodennähe Blätter und wachsen in die Breite. Knospen lassen sie dabei so gut wie keine heraus. Steigt die Temperatur dann doch, bilden sie auffallend kleine und schwache Blüten.

Sät man Sommerastern Ende Februar in Saatkistchen, so erhält man große, starke Pflanzen, die Ende Juli bereits blühen. Man kann die Saat nochmals im März und im April wiederholen, damit die Blüte bis Oktober verlängert wer-den kann. Aber die letzten Blüten geraten dann schwach und die Pflanzen blei-ben kleiner. Manche Gärtner schwören auf wiederholtes Umpflanzen, beginnen damit, wenn der Sämling drei, vier Blätter hat; nach vier Wochen versetzen sie das Pflänzchen das zweite Mal und nach weiteren vier Wochen kommt die Pflanze an Ort und Stelle dann ins Beet. Mir ist die Prozedur zu arbeitsaufwendig, ich habe sie nie ausprobiert. Wer aber Geduld und Zeit dafür aufbringt, könnte uns vielleicht davon berichten. Ich habe mich lediglich darauf beschränkt, die Sämlinge im Beet mit Jogurtbechern, denen ich den Boden aus-geschnitten hatte, gegen Schnecken zu schützen. Sommerastern haben die besonders unangenehme Gabe, plötzlich zu erkranken und dann schnell einzu-gehen. Damit muss der Gärtner rechnen. Dagegen kann man herzlich wenig tun: Bodenpflege ist eigentlich das bewährteste Mittel.

Stockrosen sind im kleinen
Garten zu groß

Hochleuchte, Herzleuchte, Morgenstern, Bismalve heißt die *Altháea rósea*, Stockrose im Volksmund. Einige Autoren nennen sie auch *Alcea*, weil Carl von Linné, der Vater der modernen Botanik (1707 bis 1778), die stattliche Pflanze *Málva Alcéa* genannt hatte. Die Stockrose gehört zur Familie der Malvengewächse und hat fünf oder sechs europäische Verwandte; darunter den heilsamen Eibisch und die *Malva neglécta*, welche die von Kindern geliebten „Kaspappelen" produziert, essbare Samenstände, die wie kleine Käselaibe aussehen.

Alle Malven sind seit der Antike als Heilpflanzen bekannt. Hesiod (um 700 v. Chr.) und Theophrast (um 350 v. Chr.) berichten, dass Wurzeln, Laub und Samenstände als Gemüse gegessen wurden. Plinius (ca. 100 n. Ch.) hielt die Pflanzen für ein Allheilmittel. Überirdische Beweiskraft entwickelten sie bei der Nachforschung über die Unberührtheit einer Jungfrau: *„Fac eam mingere super quandam herbam quae vulgo dicitur malva de mane. Si sit sicca, tunc est corrupta."** Die Jungfrau, natürlich. Glaubte man in der Antike an eine stark liebesfördernde Wirkung der Malven, war man im Mittelalter vom Gegenteil überzeugt. Sic transit. Heute scheint die Medizin derselben Meinung der mittelalterlichen Heiler zu sein, denn die Pflanze wird zur Hustenberuhigung und als Abführmittel verschrieben.

Stockrosen sind trotz ihrer farbenprächtigen Schönheit und Stattlichkeit fast in Vergessenheit geraten, vielleicht weil die Gärten zu klein geworden sind. Denn sie brauchen viel Platz. Bereits Goethe pflanzte sie in Weimar in seinem Gartenhaus an der Ilm, und seine Teegesellschaften wurden aufgefordert, die Blüte der an der Auffahrt des Gartens doppelreihig gepflanzten Schönen zu bewundern. Auch Renoir malte sie; aber die unübertroffenen Darsteller der Malvenblüten waren die Chinesen, die sie über Jahrhunderte hindurch abbildeten. Grund genug, um wenigstens eine davon im Garten zu kultivieren. Die Farbe der Blätter, der hochstrebende Wuchs machen sich an kalkverputzten Hausmauern – vielleicht gleich neben einem Fenster – und an Holzzäunen sehr gut. Man braucht zur Kultur dieser Pflanze nur ein Stanitzl Samen und gute tiefgründige Gartenerde. Die Literatur gibt an, dass der Samen im März in Saatkistln ausgesät werden soll. Ich habe ihn im Mai einfach an Ort und Stelle ausgesät. Er keimte bereits nach einer Woche.

Stockrosen blühen im zweiten Jahr nach der Aussaat; hat sie der Gärtner einmal im Garten, braucht er um Nachwuchs nicht mehr zu bangen. Sie säen sich immer wieder selbst aus, jedoch ohne übermäßig lästig zu werden. Sie sollten nur früh genug aus unerwünschten Positionen entfernt werden, denn ihre Wurzeln widerstreben bereits nach einem Jahr zäh allen Jätversuchen. Die schlimmsten Feinde der kleinen Pflanzen sind die großen glitschigen Nacktschnecken, die in einer Nacht alles sprießende Grün abraspeln können. Stockrosen erkranken dann auch gern an einer Pilzkrankheit, *Puccínia malvaceárum*, wenn sie zu trocken stehen. Die Blätter bekommen braune und gelbe Pusteln, werden selbst gelb und trocknen ab. Um die Krankheit einzudämmen, brauchen die Pflanzen viel Feuchtigkeit; dann sollten die untersten Blätter vorbeugend entfernt werden. Meistens helfen Schwefel- und Kupferspritzungen.

* *„Lass sie auf jenes Kraut Wasser lassen, das die Leute Malva de mane nennen. Wenn es vertrocknet, ist sie nicht mehr unberührt.“*

Stockmalve

Pflegeleicht und gelb:
Tagetes

Obwohl ich mit Erwerb von Plastik sonst sehr zurückhaltend bin, habe ich vor kurzem feinmaschige Netze aus diesem Material erstanden. Beim Vertrieb heißen sie „Vogelnetze", weil sie als Abwehr gegen freche Spatzen- bzw. Amselvölker gedacht sind, die in frisch bestellten Beeten zu scharren belieben. Meine neuen Plastiknetze habe ich aber zweckentfremdet: Sie dienen als Abwehr gegen Katzen, die in meinem eben gesäten Beet unbedingt ihre Notdurft verrichten möchten.

Hier, zwischen niedrigen Buchseinfassungen, habe ich heuer nämlich Tagetes gesät: *Tagétes pátula nána* heißt die Varietät, die ich ausgesucht habe, denn die *Tagetes tenuifólia,* die ich vorgezogen hätte, hat mein Samenhändler gerade nicht lagernd gehabt. Dieser Tagetes *tenuifolia* hat zarte gefiederte Blättchen und blüht unermüdlich und eifrigst bis zu den ersten Frösten: Die Varietäten „Gnom" und „Lulu" passen mit ihrem dunkleren Gelbbraun und hellen Gelb sehr gut zusammen. Auch bei den *Tagetes patula nana* finden sich fast dieselben Farbnuancen. Nur sind die Blätter breiter und kräftiger gefärbt. Mein Beet mit Buchseinfassung ist so ein Sorgenkind; südseitig gelegen, wird es im Sommer erbarmungslos von der Sonne versengt. Im Frühling blühen darin, symmetrisch verteilt, Vergissmeinnicht und weiße Papageien-Tulpen. Die Vergissmeinnichtpolster verdecken im Frühsommer das Welken und Vergilben der Tulpenblätter. Ich, die ich eher zur Faulheit neige, lasse alle Tulpenzwiebeln im Boden und kümmere mich wenig um sie, wobei es im Laufe des Sommers leider öfter passiert, dass ich, die schlafenden Zwiebeln vergessend, sie mit Spaten oder Handschaufel durchschneide; und was dann aus meinem Mund kommt, ist nicht gerade vom Feinsten. Sicher wäre es besser, die Zwiebelhorste im Boden mit kleinen Stäbchen zu markieren. Problematisch wird mein Beet im Hochsommer: Voriges Jahr habe ich es mit *Mesembryanthemum* probiert, aber das war der Flop des Jahres. Die Pflanzen haben sich so schlecht entwickelt, weil es im Juni und Juli fast ununterbrochen geregnet hat, dass es geradezu genierlich war. Heuer greife ich zu den Tagetes, die ich gleich an Ort und Stelle aussäe, um Arbeit und Scherereien mit Anzuchtkistchen zu ersparen. Wenn die Katzen meine Pläne nicht vereiteln, werden meine „Studentenblumen" im Juni mit dem Blühen anfangen; in dieser Zeit entferne ich auch die verblühten Vergiss-meinnichtpolster, die unsere kalkigen Böden nicht lieben und deshalb immer hässlicher werden.

Zwischen den Tagetes wachsen durch Selbstaussaat „Jungfern im Grünen ", Nigélla damascéna, verhalten blau erblühend, noch aus dem alten Bestand meiner Mutter. Ich will auch versuchen, Zwergzinnien zwischen die braungel-ben und leuchtend gelben Tagetes anzusiedeln, damit das dreieckige Beet nicht zu eintönig wirkt. Nur eines bereitet mir noch Kopfzerbrechen: Sollen die Pflanzen symmetrisch in dekorativen Gruppierungen nach Farbe geordnet wer-den? Das Beet erhielte damit den Reiz eines barocken Parterres. Oder sollen sie bunt gemischt zügellos drauflos blühen? That is the question.

Nachwort: Die beschriebene Bepflanzung blieb einige Jahre hindurch schön und machte wenig Arbeit. Dann kamen die Schnecken, die nachts in den Buchsrabatten Unterschlupf finden. Jetzt muss ich Pflanzen wählen, die die Schnecken nicht mögen. Und ich bin ständig auf Schneckenjagd, so Leid mir die Tierchen auch tun. Die Vergissmeinnicht blieben vier Jahre hindurch schön, dann war der Boden „vergissmeinnichtmüde", und ich musste Stiefmüt-terchen pflanzen. Die Tulpen, die meine Faulheit überlebten, sind in der Blüte kleiner geworden und auch weniger in der Zahl.

Lilie

Taglilien blühen nur
einen Tag

So lange wächst sie bei uns im Garten, dass alle Welt sie übersieht, weil sie sozusagen zum Inventar gehört. Zu ihr – zur Taglilie – kam ich durch Teilung eines alten Wurzelstockes aus dem Garten meiner Mutter. Die nahm sich vor dem Herschenken von Pflanzen lange Bedenkzeiten, wenn sie sich überhaupt dazu durchringen konnte. Gründlich überlegte sie, ob die Gabe wohl auch an die richtige Person käme. Fast nie fand sie mich, ihre Tochter, für die Pflanzen aus ihrem Garten ausreichend vertrauenswürdig. Bei den Taglilien war ihr wohl die Überlegung behilflich, dass wirklich nichts schief laufen könne.

Zuerst wuchsen die Ausgesiedelten ein paar Jahre unter einem Zierapfelbaum nahe einem kleinen Wasserbehälter. Als sich Kinder einstellten, wurde das kleine Bassin aus Sicherheitsgründen mit Sand zugeschüttet. Die Taglilien überlebten es; so wie sie später die verwüstenden Treffer des Lederballes überlebten, dann die Zertrampelung und das Durchkriechen der zwei Sprösslinge, welche die inzwischen üppig gewachsenen Blätter als Deckung oder als „Hüttl" zweckentfremdeten. Als die Buben die kurzen Hosen nicht mehr standesgemäß und ihrer würdig fanden, ließen sie auch von den Taglilien ab. Ins Bassin wurde wieder Wasser eingelassen, und wie früher durften die Blattspitzen es wieder anmutig berühren. Die alten Stöcke blühten überreichlich, als wäre nichts geschehen. Tag um Tag öffneten sie ihre lilienartigen orangefarbenen Kelche, von Mitte Juni bis Mitte August für Blumenschmuck und Augenweide sorgend. Was sich verbreiten und in die Wiese hinauswachsen wollte, wurde vom Mäher weggemäht; der Horst wurde trotzdem von Jahr zu Jahr dichter. Im Herbst kam Laub über die vom Frost niedergedrückten Blätter. Alles blieb als Mulch und Humusbilder liegen. Im Frühling schoben sich die frischen Triebe durch die braune verrottende Schicht. Vor ein paar Jahren nahmen auch die Taglilien an unserem Umzug teil. Ein Teil des Wurzelstockes wurde ausgegraben. Er kam in den alten Garten zurück, von wo er eigentlich stammte. Aber der Garten meiner Mutter war inzwischen verwildert, und die Taglilien waren daraus verschwunden. Seit einigen Jahren stehen die „Rückoptanten" wieder dort, wo sie schon einmal wuchsen, zwischen den Bergenien unter den hohen Eisenbögen, die mit Kletterrosen bewachsen sind.

Taglilien, *Hemerocállis aurántica,* aus der Familie der Liliengewächse, sind eigentlich erst an Wasserläufen und an Teichen richtig schön. Ihre weich nach unten fallenden schwertförmigen Blätter sollten ihre Spitzen immer in ruhiges Wasser tauchen. Aber auch in Bordüren und in Beeten leisten sie hervorragende Dienste. Sie wachsen in der Sonne, im Halbschatten, eigentlich überall. Aber am schönsten entwickeln sie sich im lichten Schatten, in weicher humoser Erde. Ihren Namen erhielten sie von den alten Griechen: „Hemera" heißt Tag und „kalos" schön. Nur einen Tag sind die Blüten schön, dann welken sie, von anderen gleich schönen ersetzt, in langer Folge. Ihr Ursprungsland ist der warme Südosten Europas; aber ihre Verwandtschaft hat sich in Sibirien, in Japan und China auffinden lassen. Schwefelgelb, Orange und Orangerot waren die Ursprungsfarben. In Amerika hat man Tausende von Hybriden gezüchtet in allen Gelb-, Rot-, Weiß- bis Samtbraunschattierungen. Die Erwerbsgärtnerei Guido Dell'Innocenti aus Tavarnuzze bei Florenz hat ebenfalls eine riesengroße Auswahl, vor allem sind seine Taglilien billiger als die aus Amerika. Pflanzzeit ist der Frühling.

Herbst
Wenn im Oktober viel Spinnen kriechen
Sie einen harten Winter riechen

Die Dahlie:
eine mexikanische Schönheit

Die Azteken verwendeten die länglichen Knollen der Cocoxochitl, der *Dáhlia*, wie sie mundgerecht für europäische Zungen umgetauft wurde, vor allem in der Küche, manche Teile der Pflanze auch zu medizinischen Zwecken. Im fatalen Jahr 1789 schickte Vincente Cervantes, Direktor des botanischen Gartens der Hauptstadt Mexikos, dem Abt Cavanillos, seinem Freund und Kollegen, einige Knollen des noch unbekannten Gewächses nach Madrid. Die Pflanzen wurden 1791 zum ersten Mal in Europa begutachtet. Die Spanier zeigten wenig Interesse. Ihnen schmeckten Erdäpfel, ebenfalls seit kurzem in ihr Land gekommen, entschieden besser als Dahlienknollen.

Es waren Franzosen, Engländer und Deutsche, die fast gleichzeitig die wahren Tugenden der neuen Pflanze entdeckten: Um 1850 war die Dahlie bereits mit ungezählten Züchtungen und ausgedehnter Vermarktung eine etablierte Modeblume. Auch Goethe liebte sie sehr. Die Samen hatte er – so wird überliefert – 1804 aus Berlin von seinem Freund v. Humboldt erhalten. Er suchte auch eifrig nach neuen Züchtungen und hatte bald eine ansehnliche Sammlung im Garten am Frauenplan. Die südamerikanische Schöne wurde lange Zeit nach dem Petersburger Botaniker Georgi genannt; in Tiroler Bauerngärten ist sie daher noch immer als Georgine bekannt. Ihren heutigen Namen verdankt sie dem Botaniker Andreas Dahl. Gertrude Jekyll, die englische Malerin und Gartenexpertin, welche um die Jahrhundertwende die „Mixed Border", die üppig blühenden gemischten Bordüren, zur höchsten Gartenkunst erhob, schreibt, dass „der Dahlie erste Pflicht das stolze ‚Sichherzeigen' sei". Deshalb sollen aus den Katalogen nur jene Dahliensorten herausgesucht werden, die ihre Blütenhäupter nicht „verschämt im Blätterdickicht verbergen", sondern die, die sich „selbstbewusst ins Licht setzen".

Heute gibt es bei uns wenig Auswahl: Wir müssen mit jenen Sorten vorlieb nehmen, die in Erwerbsgärtnereien und Supermärkten angeboten werden, wenn nicht Nachbarinnen hübsche Varietäten weitergeben können. Für den Verkauf werden Dahlien, aus der Familie der *Compósitae,* nach ihrer Blütengröße eingeteilt: Riesendahlien haben Blütendurchmesser über 25 cm, Großblüher messen 20 cm, mittelgroße Blüher 15 cm, kleine haben einen Durchmesser von 10 cm; die Miniaturblüher erreichen diese Größe nicht. Dann gibt es eine zusätzliche Einteilung nach der Form der Blüten: Einfach-, Kugel-, Pompon-, Kaktus- und Halbkaktusblüher bilden die erste Klasse, die zweite hat Blüten wie Wasserrosen und Anemonen, die dritte Klasse besitzt „gemischte" Blüten und die letzte hat Blüten mit Krause. Die erste gefüllte Blüte wurde 1881 erzüchtet und trug den Namen „Kaiser Wilhelm". Der Anfänger sei gewarnt: Die Züchter kennen mittlerweile über zwanzigtausend Varietäten, die alle ordnungsgemäß registriert wurden. Dieser Sammlung fehlt jedoch die eine, die Unerreichte, nämlich die Blaue Dahlie: Eine Prämie von tausend englischen Pounds wartet seit der Mitte des vorigen Jahrhunderts auf denjenigen, der sie als Erster züchten wird. Wahrscheinlich können auch die Zinsen eingefordert werden, denn wer dieses Wunder vollbringt, hat alles redlichst verdient. Die Gene der Dahlie enthalten nämlich keine Möglichkeit einer Blaufärbung.

Dahlien, so heißt es, verkörpern jene weiblichen Tugenden, die den Frauen gern von Männern angedichtet werden. Sie brauchen nämlich Stützen und Führung für optimale Entfaltung. Das fängt beim Eingraben der Knolle im Frühling an: Sofort müssen im Dreieck drei feste Stöcke mit eingerammt werden. Die Stängel der üppigen, schnell wachsenden Pflanze sind lang, hohl, weich: kurzum, sie sind bruch- und knickgefährdet. Jeder Regen, jeder Windstoß, jedes Gewitter kann sie zu Boden zwingen. Die Stöcke müssen mit zwei in verschiedener Höhe angebrachten Weidenringen zusammengehalten werden. Natürlich geht das mit Plastik auch, aber ein Weidenring ist umweltfreundlicher, hübscher und hält jahrelang.

Dass Dahlien als Solitär stehen müssen, ist ein altes, hartnäckig verbreitetes

Gartenmärchen. Meine Erfahrung ist, dass sie gesünder leben und auch viel schöner sind, wenn sie in großzügigen Gruppen zusammengepflanzt werden. Nur bei der Farbenauswahl sollte der Gärtner behutsam vorgehen. Weiß blühende Exemplare bringen die Farben der anderen dann besser zur Geltung. Die in kürzester Zeit hervorgebrachten Blättermasse braucht viel Nahrung; Kompost, reifer Mist und viel, viel Wasser sind für ein schönes Erblühen unerlässlich. Mineralsalzdüngungen liebt die Dahlie nicht. Jedoch Achtung! Stickstoffüberschuss bewirkt, dass Dahlien nur Blätter ansetzen und auf das Blühen verzichten.

Vor dem Eingraben im Frühling sollte für eine optimale Drainage (einige Zentimeter Kies am Grund des Pflanzloches) und für die Startdüngung (Kompost, Mist, Hornspäne, Knochenmehl) gesorgt werden. Verblühtes wird immer, der Ästhetik wegen, entfernt. Als Schnittblumen finde ich Dahlien nicht besonders geeignet. Sie welken mir zu schnell. Aspirin im Wasser, sagte man mir, hält die Blüten länger frisch. Aber Toni Psenner ist nicht dieser Meinung. Er züchtet in Massen Dahlien, die er als Schnittblumen verkauft. Um eine frühe Blüte zu erzwingen, kann die Dahlienknolle – frostgeschützt! – bereits im März in feuchtem Sand zum Vortreiben gebracht werden. Ich habe die Erfahrung gemacht, dass es dabei nicht wärmer als 14 bis 15° sein sollte, da sonst die Triebe leicht vom Mehltau befallen werden. Kupfervitriol- und Schwefelspritzungen beugen diesem Übel vor. Beide sind im Fachhandel auch in kleinen Mengen erhältlich. Wenn Gärtnerin und Gärtner jedoch nicht jenen Ehrgeiz besitzen, der sie ständig zu Konkurrenzkämpfen anstachelt, und wenn sie sich unnötige Scherereien ersparen wollen, versenken sie ihre Knollen Anfang Mai in die Erde. Nach sechs Wochen ist die Pflanze ausgewachsen und setzt Blüten an. Genau nach dem ersten Frost muss die Knolle wieder aus dem Beet geholt werden. Sie soll, mitsamt der Erde, die an ihr haften bleibt, trocknen, dann strohbedeckt und dunkel aufbewahrt werden. Manche pudern sie mit pilzhemmendem Staub ein, was nur dann notwendig ist, wenn Riesenmengen davon eingekellert werden.

Granatäpfel locken
Segen an

Über mehr als ein Jahrzehnt hatte ich meinen Granatapfelbaum – aus Platzmangel – erfolgreich in einem Kübel gezogen. Mein Bäumchen stand in einem kleinen halbierten Weinfassl und trug alljährlich zehn, zwölf kleine, runde Äpfel in den Ästen. Den Umzug vor einigen Jahren hat es, wie einige andere Pflanzen auch, leider nicht überstanden. Bis heute habe ich noch keine Gelegenheit gefunden, den verwaisten Kübel neu zu besetzen.

Selten findet ein Suchender einfach blühende Granatäpfel in den Erwerbsgärtnereien. Fast immer werden doppelblütige Exemplare angeboten, die leider zu kleine Früchte ansetzen. Granatapfelbäume finde ich schön. Ihre Früchte locken der guten Geister Segen an: Mein Großvater pflegte im Herbst in seinem Grieser Garten einige zu pflücken, die er dann über Monate im Vorraum auf der Truhe in einer flachen Schüssel verwahrte. Sie sollten Überfluss und Fülle ins Haus hereinholen. Granatäpfel, *Púnica granátum,* haben die Menschheit von ihrem Anfang an beglückt und begleitet. In ägyptischen Gräbern um 2500 vor unserer Zeitrechnung fand man davon Abbildungen; in den Grabkammern der späteren Zeit sogar ausgetrocknete echte Früchte. Der vorchristliche Erzähler meint meist einen Granatapfel, wenn er vom „Apfel" spricht. So gibt es auch unter den heutigen Bibelforschern mehrere, die mit dem Apfel der Erkenntnis den Granatapfel meinen.

Das Herkunftsland des Granatapfelbaumes ist Persien und das westliche Indien, darüber sind sich alle Texte einig. Die Pflanze war Syriern und Phöniziern heilig, galt als Symbol der Fruchtbarkeit; die Araber haben die Frucht dann auch in Spanien eingeführt. Die Stadt Granada trägt ihren stolzen Namen nach den Granatapfel-Plantagen, die die Stadt umgaben. Plinius behauptet, die besten Früchte kämen aus Karthago. Keine Frucht ist so oft besungen worden: Wir, im christlichen Glauben groß geworden, erahnen die

Bedeutung dieses Wunderapfels, wenn wir die Bibel beim Hohen Lied aufschlagen. Heute noch werfen türkische Bräute einen Granatapfel vor sich auf den Boden: So viele Kinder sind in der neuen Ehe zu erwarten, wie rote Kerne aus der Frucht springen werden. Die Ärzte der Antike priesen ihre heilenden Kräfte. Ihr Saft erfrischte, senkte Fieber, stillte Blutungen. Mit der Rinde wurden Durchfälle geheilt, Unterleibsblutungen und gefährliche Darmwürmer bekämpft. Die Färber färbten mit ihr das kostbare Saffianleder. Aus dem Saft der roten Samen gewinnt man im Süden heute noch ein eisgekühltes Getränk, das unter dem Namen „Granatina" bekannt ist.

Granatäpfel gedeihen in jedem Boden; sie halten Kälte bis zu zehn Grad unter null aus. Im Freiland braucht der strauchartige kleine Baum so gut wie keine Pflege. Die Äste müssen nur alle zwei, drei Jahre trichterartig ausgeputzt werden, damit Luft und Licht in die Baumkrone dringen können. Im Kübel soll die Pflanze nach dem Austreiben jede Woche reichlich gedüngt und gegossen werden; zu viele Blüten ergeben kleine Früchte. Es ist darum besser, ihre Anzahl auf zehn, zwölf Stück zu reduzieren. Ab zehntem August verringert man die Wassermenge, sonst springt die Frucht vorzeitig auf. Mein Großvater pflegte darum vorsorglich den Stängel des Apfels mit einer Halbdrehung leicht zu verletzen, um die Wasserzufuhr darin zu reduzieren.

Im Herbst heißen sie Herbstanemonen

„Der Herbst ist immer unsere beste Zeit", sagte einst der große Alte aus Weimar. Und Gärtnerin und Gärtner stimmen ihm zu, denn im Frühling haben sie zum bedächtigen Betrachten ja meist keine Zeit. „Ich liebe die Großzügigkeit, ich verabscheue alles Knauserige und Kleinliche", erklärte um 1915 die englische Gartenschriftstellerin Vita Sackville-West in einer ihrer Kolumnen im „Observer".

Der Herbst ist im Garten nicht kleinlich, und knauserig schon gar nicht. Er schenkt uns sogar Überraschungen wie die Blüte einer Anemone, einer Pflanze, die eigentlich im Frühling erblühen sollte, wie alle ihre Verwandten. Wer kennt den Überschwang des weißen Buschwindröschens, der blauen Leberblümchen, der violetten Osterglocken nicht? Oder die Schönheit der zarteren Gartenanemonen, die zweifarbige Pracht der *Anemóne coronária?* Bei diesen Frühlingsblühern mag es stimmen, was Theokrit (jener griechische Dichter aus Syrakus, der 200 Jahre vor unserer Zeitrechnung sich in poetischer Weise auch mit der einheimischen Flora befasste) behauptet, dass die Blüte der Anemone bald abfällt; darum hat sie den Namen vom Wind, „anemos", erhalten. Den Römern, Griechen und Ägyptern galt die Anemone als Symbol der Hinfälligkeit, der Krankheit, des Todes. Aber die uns jetzt, im September und Oktober, blüht, ist ein Kind des fernen Ostens und heißt *Anemóne japónica.* Die ranke Ausländerin erhebt sich stolz über den Kleinkram des Beetes, öffnet unerschrocken bis zu den Frösten an fast meterhohen Stängeln ihre cremeweißen Blüten, die sich wie Schmetterlinge vor dunklem oder herbstbuntem Hintergrund abheben. Nur in der Vase halten sie sich nicht, lassen sofort die Köpfchen hängen.

Penelope Hobhouse warnt den Gärtner in ihrem Buch „Farbe im Garten" vor ihrer ungestümen Art, sich auszubreiten. Ja, täte sie das nur! Meine Japananemone steht seit ein paar Jahren zwar gesund und blühfreudig unter dem lockeren, lichten Schatten zweier Bäume, aber zu selbstständiger Vermehrung zeigt sie keine Bereitschaft. Es könnte sein, dass sie mir schmollt, weil ich sie zur falschen Zeit, im Juni, aus einem auswärtigen Beet gegraben habe. Sie möchte nämlich am liebsten nur im Herbst ihren Standort wechseln. Oder hat sie vielleicht zu viel Konkurrenz mit den Baumwurzeln? Es ist nicht leicht, sie in den Garten zu holen. Die Erwerbsgärtnereien führen sie selten und wer sie haben möchte, muss die Augen offen halten.

Diese Exotin steht fast ausschließlich leider nur in fremden Gärten, von dort muss sie entweder im Einvernehmen mit dem Besitzer oder aber mittels räuberischer Hand herausgeholt werden. Möglichst im Herbst, wie bereits gesagt.

Dann beginnt das große Zagen: Wächst sie an oder will sie nicht? Auf vier Pflänzchen ist in meinem Garten nur eine gut angewurzelt, und heuer blühte sie zum zweiten Mal. Am Eingehen der übrigen Schösslinge mag vielleicht die falsche Verpflanzzeit oder auch die Trockenheit schuld gewesen sein. Denn die ersten drei, vier Jahre verlangen diese fernöstlichen Holden ungeteilte Aufmerksamkeit. Im Winter erfrieren sie leicht oder sie verdursten. Bis sie Fuß gefasst haben. Dann, heißt es, sollen sie nicht mehr zu halten sein, sich ungestüm vermehren. Wer diese Anemonen lieben lernt, dem stehen sie auch farbig zur Verfügung: rosa als „Königin Charlotte" oder „Robustissima", weinrot als „Prinz Heinrich" oder „Beressingham Glow"; mit halb gefüllter Blüte blühen sie unter dem Namen „Lady Ardilaun". Am schönsten finde ich aber doch die weißen, einfach blühenden.

Herbstastern waren auch den Römern bekannt

„... aureus ipse, sed in foliis, quae plurima circum funduntur, violae sublucet purpura nigrae ...": Ihr goldener runder Mittelpunkt wird von veilchenfarbenen Blütenblättern umgeben, so beschreibt Vergil – locker übersetzt – in seinen Georgicae liebevoll und präzise die Blüte dieser Pflanze. Die römischen Bauern, berichtet weiter Vergil, nannten die Pflanze Amellus. Deshalb gab ihr Linnaeus, der schwedische Pflanzenforscher, der im 18. Jahrhundert die moderne Botanik begründete, den Namen *Áster améllus*.

Aster, der Gattungsname, ist der griechische Name für Stern. Amellus, der Artenname, stammt wahrscheinlich vom lateinischen „Honig". Ihr deutscher Name ist Herbstaster oder Bergaster; die Italiener nennen sie Settembrini, weil sie erst ab September die ganze Pracht ihrer überreichen Blüte entfalten. Die Beschreibung Vergils bezeugt, dass die Herbstastern in Italien als Wildpflanze vorkamen. Wo sie damals am liebsten wuchsen, wissen wir auch von ihm: am Ufer des Flusses Mellus, auf Wiesen, wo die Hirten ihre Herden weiden ließen. Die Pflanze liebt gehaltvollen, leicht feuchten Boden. Sie ist perennierend in fast all ihren Spielarten, das heißt, sie verdorrt nach den ersten Frösten und treibt im Frühling vom Wurzelstock wieder aus. Da sie sehr viel Laub produziert – einige Varietäten erreichen auch spielend zwei Meter Höhe – braucht sie im Garten im Herbst oder spätestens im Frühling eine großzügige Zugabe an verrottetem Mist. Es gibt natürlich nicht nur Europäer unter ihnen: Auch die Neue Welt hat zu den gärtnerischen Züchtungen beigesteuert. Die meisten Pflanzen, die aus Amerika stammen, haben behaarte Blätter, viel mehr Blütenblätter und größere Blüten als die europäischen Schwestern, und auch eine Eigenart: Sie schließen abends ihre Blüten. Die Erwerbsgärtner verkaufen sie unter dem Namen Aster *nóvae-ángliae*. Sie sind als Hintergrundpflanzen der berühmten „mixed border" aus der englischer Tradition sehr begehrt, da sie hoch werden und steife Stängel besitzen. Aber das heißt nicht, dass sie auf eine unsichtbare Stütze verzichten wollen: Im Sommer muss die Gärtnerin rechtzeitig daran denken, sonst legt sich der Strauch beim ersten Regen hin, und er ist nicht mehr dazuzubringen, aufrecht zu wachsen.

Die Spielart der Aster, die als *novi-bélgii* bekannt ist, stammt ebenfalls aus Nordamerika und hat auch klein bleibende Sorten. Die werden nicht größer als zwanzig Zentimeter. Sie sind im Steingarten begehrte Blüher, denn es ist ziemlich schwer, klein bleibende Herbstblüher zu finden. Ihre überreiche Blüte verdeckt sogar die Blätter. In Gärtnereien sind diese rosa, violett, rot und weiß blühenden Miniatur-Astern unter der Bezeichnung *Aster dumósus* bekannt. Eine Aufzählung von Züchtungen unter den Herbstastern erübrigt sich, weil man in der Erwerbsgärtnereien unseres Landes eigentlich wenig Auswahl hat; man muss das nehmen, was geboten wird. Eine Liste nach Farben, nach Höhe und nach Blütezeit könnte nur erfolgen, wenn genügend Nachfrage da wäre. Herbstastern gedeihen gut in der Sonne oder an einem Platz, wo die Sonne mindestens vier Stunden lang scheint. Die Herbstastern gehören wie Margerite, Kamille, Zinnie, Sonnenblume, Dahlie zur Familie der Korbblütler.

Lilien: Man kann sie auch nicht mögen

Pflanzzeit für Lilien. Seit Monaten locken in Supermärkten grellfarbige Tüten und Säckchen mit mancherlei Zwiebeln; die eine oder andere Gärtnerin lässt sich verleiten und greift danach. Aber Lilien erhält der Liebhaber nicht nur in suspekten Hüllen mit gar zu farbigem Aufdruck, er findet sie auch lose gehäuft in Kartonbehältern seriöser Gartenkaufhäuser, wo man sie begutachten, dann eventuell – und, bitte, nur mit Erlaubnis des Verkäufers – auch betasten kann, ob sie wohl fest seien. Denn nur gesunde, feste Zwiebeln versprechen gute Pflanzen im darauf folgenden Jahr.

Lilien, botanisch *Lilium*, kann man mögen oder verabscheuen: Denn sie sind Träger allerhand symbolischer Deutungen. Ihre erste Abbildung steht in Knossos auf der Insel Kreta und stammt aus dem fernen Jahr 1550 vor unserer Zeitrechnung. Nach der griechischen Sage verdankt die Lilie ihr Entstehen der Mutter des Himmels, Hera: Herkules saugte ihr nämlich mit solcher Kraft Milch aus den Brüsten, dass die Milch aus dem Boden zuhauf Lilien sprießen ließ. Venus, die Strahlende, sah die Blüten, und aus Eifersucht zu ihrer gleißenden Helle ließ sie ihnen, ätsch, einen unanständig aussehenden Stempel zwischen den Staubgefäßen wachsen. Das animierte Satyren zu deftigen Skurrilitäten. Auch das Hohe Lied Salomons im Alten Testament zitiert die

Weiße Lilien

Lilien ununterbrochen auf kitzlige Weise: Lilien unter Disteln, Hirschkälbchen und Brüste nebst Lilien, Lippen und Lilien, Duft der Lilien ...

Für den antiken Witz, den phallischen Humor hatten die neuen Priester der modernen Zeitrechnung nichts mehr übrig: Als die Unseren die weiße Blume in ihre Vorstellungswelt aufnahmen, gaben sie ihr Deutungen, die von den alten deutlich abwichen. Vom hehren Altargemälde bis hin zum billigsten Heiligenbildchen sind Lilien abgebildet; sie werden mit Vorliebe besonders Keuschen in die Hand gedrückt, dem hl. Antonius, dem Alois Gonzaga, Filippo Neri, Thomas von Aquin, dem Kaiser Heinrich II. (warum wohl dem?), dann Caterina von Siena, Klara von Assisi und anderen, die ich nicht alle aufzählen mag. Keuschheit als Tugend könnte mancher von uns modernen Menschen übertrieben finden; überdies taucht sie auch immer wieder in Reden von Fanatikern auf. Der Volksglaube weiß, dass auf dem Grab von unschuldig Getöteten drei Lilien wachsen. In Sagen und Volksliedern hat dieser Umstand viel Stoff zu herzzerreißenden Küchenliedern* geboten.

Mit weißen Lilien könnte man auch verwunschene Schlösser sprengen. Das kann ein Einbrecher in spe aber nur während der Christmette bewerkstelligen. Es taucht auch immer wieder der alte heidnische Schalk auf: Der hl. Antonius ist Beschützer der Ehe, somit auch der Schutzpatron der menschlichen Vermehrung; in diesem Zusammenhang hat die Lilie wieder ihren alten Platz zurückerobert. In der mittelalterlichen Medizin wurden gequetschte Lilienzwiebeln als Wundmittel auf offene Wunden gelegt. Deshalb fehlten diese Blumen in keinem ritterlichen Burggarten. Auch in den Klostergärten waren sie vor allem eine Heilpflanze. Die weisen Frauen setzten sie bei besonders starken Geburtswehen ein. Galt die Pflanze früher gegen nahezu alle Krankheiten – von der Pest bis hin zum Schlangenbiss – als heilend, wird sie heute von den Naturmedizinern nicht mehr beachtet.

Die Lilie gehört zusammen mit Rose, Iris und Ringelblumen zu den ältesten Pflanzen des deutschen Bauerngartens. Die Antoniuslilie ist unter den Lilien die bekannteste. Ippolito Pizzetti schreibt: „Sie ist eine Blume, die einer schwer lieben kann: Sie ist zu zahm, viel zu viel ist sie religiösen Praktiken und einer bestimmten Ikonographie zugeordnet worden, zu sehr haben Vergleiche und Litaneien ihren Namen abgedroschen. Man wird sie schwerlich noch einmal zu ihrer wahren Natur zurückführen können." Man hat der Lilie ungefähr 70 Arten zugesprochen. Ihre Gattung findet sich in allen Ländern nördlich des Äquators. Die Franzosen nennen sie „Lis", was durch die Jahrhunderte zu Verwechslungen mit dem Namen Louis führte, der in Frankreich sehr häufig ist; wurde einer dieser „Luis" gar als König geboren, wollte er immer Lilien in seinem Wappen tragen. Lilien sind so einfach in Pflege und Wartung, dass der gesunde Gärtnerverstand auf sie nicht verzichten mag. Abgesehen von der Antoniuslilie, die im Juni ihre hohe Zeit hat, blühen fast alle, wenn es vielen anderen Blumen zu heiß ist. Volle Sonne ist ihnen nur dann genehm, wenn der Boden dicht von anderen Pflanzen beschattet wird.

Manche Lilien lassen sich nach dem Pflanzen mit dem Blühen lang Zeit. Lilien möchten trocken stehen, Staunässe ist ihr Tod. Deshalb sollte jede eben gepflanzte Zwiebel vorsorglich mit grobem Kies unterlegt werden. Die Wurzeln entwickeln sich dann auch schneller. Zu viel Mist oder gar Kunstdünger treiben sie sicher in den Tod. Sie wollen sechs, sieben Jahre ungestört am gleichen Platz wachsen: Für jeden Gärtner ist dies Anlass zu heller Freude, denn das gibt wenig Arbeit. Nach dieser Zeitspanne ist der Boden ausgelaugt, und sie müssen im zeitigen Frühling umgepflanzt werden. Wenn Mäuse ihr Unwesen treiben, müssen wir jede einzelne Zwiebel mit dünnem Maschendraht locker umwickeln, dabei den Spross frei lassen. Jeder Gärtner geht mit Lilien anders um: Der eine liebt fröhliches Nebeneinander üppiger Lilien-Buntheit in ein und demselben Beet. Der andere vergräbt vereinzelt zwei oder drei Zwiebeln ins Staudenbeet und freut sich, wenn die Blüten stolz-prächtig ihr Haupt oberhalb des übrigen Beetkrames erheben.

Lilien haben einen bösen Feind; sein lateinischer Name weist explizit auf seine

Verdauungstätigkeit hin: *Crióceris merdígera.* Im Deutschen klingt's allerdings anständiger, das Insekt heißt Lilienhähnchen. Der Gärtner muss davor auf der Hut sein; die Larven dieses Zerstörers sind imstande, eine ganze Pflanze an einem Tag kahl zu fressen. Glücklicherweise können die gut sichtbaren Käfer und Larven abgesammelt werden. Das Lilienhähnchen selbst ist ein leuchtend roter Käfer von besonderer Schönheit. Die Larven umhüllen sich mit ihrem eigenen, feuchten, glänzenden Kot, aus dem nur das Fresswerkzeug herausragt. Ist der Fraßschaden besonders stark oder der Lilienbestand sehr groß, werden die Plagegeister mit *Bacíllus thuringhiénsis* bekämpft. Letzteren erhält man mittlerweile in jeder Landwirtschaftlichen Genossenschaft. Der Bazillus muss nach Sonnenuntergang in einem Monat im Wochentakt mehrmals ausgebracht werden, besonders nach Regen oder starkem nächtlichem Tau. *Bacíllus thuringhiensis* ist für Menschen absolut unschädlich. Lilienzwiebeln „wandern" mit der Zeit nach oben; wenn sie an der Oberfläche sichtbar werden, sollten sie im Herbst tiefer versenkt werden. Nur bei den Antoniuslilien ist das so ein Problem, denn die haben im Herbst dichte Horste von Basaltblättern gebildet, die auch den Winter überdauern, und ich vermute, dass sie einige Bedeutung für das Wohlbefinden der Pflanze haben.

So werde ich das nächste Jahr versuchen, die Zwiebeln der Antoniuslilien, die ich samt Garten von meiner Mutter geerbt habe, im August, wenn das alte Laub verwelkt und das neue noch nicht erschienen ist, zu teilen und wieder einzupflanzen. Vorher werde ich jedoch recht fest zum hl. Antonius beten müssen, damit sie es ja unbeschadet überleben. Denn wenn ich die schönen Lilien zuschanden pflege, erscheint mir meine Mutter nächtlich und sicher bitterböse; an ihre oft handfest vorgebrachten Argumente erinnere ich mich heute noch sehr, sehr deutlich.

---

* Küchenlieder sind volkstümliche „Schmachtfetzen", die vorwiegend vom Küchenpersonal bei gemeinsamer Arbeit gesungen wurden.

Der Osmanthus:
Er duftet im Herbst

Der *Osmánthus* stammt aus der Familie der Ölbaumgewächse: Die meisten Osmanthen sind mittelgroße Sträucher, kommen aus China oder Japan und sind immergrün. Gartenliebhaber schätzen sie, weil sie viel Wohlgeruch in den Garten bringen. Wie oft recken bei mir Gartenbesucher die Nase schnuppernd in die Höhe und sehen forschend umher! Auch ihr Name deutet darauf hin: „Osme" heißt im Griechischen Duft und „anthos" bedeutet Blume. Die Blüten sind bei allen Arten klein, manche unscheinbar. Aber sie verströmen reinstes Vanillearoma gepaart mit Hyazinthe. Im Herbst!

Die Varietäten *Osmanthus armátus, Osmanthus decórus, Osmanthus delaváyi* und wie sie alle heißen, haben sich bei mir – soweit sie zu erwerben waren – gut eingelebt. Den *Osmanthus frágrans,* den allerlieblichsten, duftenden Osmanthus, dürfen wir Tiroler leider nur im Kübel ziehen. „Adatto solo a climi molto miti", mahnt mein Handbuch auf Italienisch, denn in den deutschen Nachschlagwerken steht keine einzige Silbe, weil Osmanthen ja allesamt das raue Klima jenseits der Alpen nicht vertragen. An geschützten Stellen des Weinbaugebietes könnten wir aber regelrechte Osmanthus-Wäldchen anlegen. Vita Sackville-West schrieb in einer ihrer Kolumnen im „Observer" vor sechzig Jahren: „Ein weiterer empfehlenswerter Strauch ist *Osmanthus delavayi,* auch Duftblüte genannt … Er hat dunkelgrüne buchsbaumähnliche Blätter und … weiße duftende Blumen. Er blüht im März und April, und wir können ihn beschneiden, so viel wir wollen, je mehr er beschnitten wird, umso besser wächst er." Der *Osmanthus delavayi* öffnete 1890 zum ersten Mal seine kleinen trompetenartigen Blüten im Garten eines Berufsgärtners, Maurice de Vilmorin. Die Samen waren ihm aus China von einem Pflanzenjäger, einem Abt Delavayi, zugesandt worden. Wir verdanken ihm viele Pflanzen aus fernen Ländern, so zum Beispiel Paeonia delavayi, Incarvillea delavayi, Rhododendron delavayi.

Je größer ein Osmanthus ist, umso tiefer muss der Käufer in die Tasche greifen. Die Sträucher wachsen nämlich sehr langsam. Für einen kleinen Garten kann diese Langsamkeit ein wahrer Segen sein. Der Boden soll gut bearbeitet und mit reifem Mist angereichert sein. Morgensonne ist besonders im Februar, März, für sie tödlich. Sonne darf die Pflanzen im Winter nur ab Mittag treffen; so haben sie die Zeit, langsam aufzutauen. Darf ich Vita Sackville-West noch einmal zitieren? „Ich neige dazu, ihn nur Gärtnern zu empfehlen, die etwas haben wollen, das ihr Nachbar vermutlich nicht hat ... Ich schreibe ... für Gärtner, die sich etwas Außergewöhnliches wünschen, das aber trotzdem leicht anzupflanzen geht. Das ist auch bei *Azara mycrophylla* der Fall, einer immergrünen Pflanze, ihre hübschen glänzenden Blättlein sehen aus wie lackiert; und sie hat winzige gelbe Blüten, die ihren Duft jetzt ... in meinem ganzen Zimmer verbreiten ... Und beim Schreiben umweht mich das Vanillearoma." Osmanthus und Azara scheinen sich zu ergänzen. Wie wär's mit einem Versuch?

Nachwort: Ich habe in Schloss Trauttmansdorff einen Duftenden Osmanthus gesehen, der im Freien gepflanzt war. Wenn dieser den Winter überlebt, tut es meiner auch. Nach zehn Jahren habe ich meinen also an einen geschützten Ort ausgepflanzt. Im Topf saß er nämlich so eng, dass ich befürchtete, er würde es nicht mehr überleben … Eine Azara habe ich in unseren Erwerbsgärtnereien bis heute nicht gefunden.

Wegerich, Löwenzahn und andere zähe Gewächse

Wenn die Gärtnerin am gepflasterten Weg in ihrem Garten hockt, weil sie Gräser wie Mäusegerste, Borstgras, Englisches Raygras, Quecke, Rispengras, Wiesenhafer, Schwingel, Vogelmiere, Löwenzahn, Mauer-Gipskraut, Vogel-

Löwenzahn

knöterich, Klee, Fingerkraut, Gauchheil, Knäuelhornkraut, Wegerich einzeln aus den Ritzen zwischen den Pflastersteinen zupfen muss, setzt sie meist, um dem Sonnenstich vorzubeugen, einen Strohhut auf. Die grimmige Miene, die sie ebenfalls aufsetzt, stammt von der allmählich aufdämmernder Einsicht, dass sich „nie niemand" freiwillig meldet, um mitzuhelfen – im gerechten Zorn schaut man auch nicht mehr so genau auf ein ordentliches Deutsch. Freundlich „Hallo!" rufend, hüten sich Vorbeieilende vor dem Stehen bleiben, weil sie wissen, dass sie hier auf längere Zeit an lästige Arbeit gefesselt werden könnten.

Die Miene der Gärtnerin wird immer grimmiger, je länger sie am Pflaster hocken muss, und je heißer die Sonne herunterbrennt. Dafür hat sie Muße, botanische Studien zu betreiben. Da reißt sie nun ein Pflänzchen des Mittleren Wegerichs, Plantago media, aus, die Wurzeln klammern sich verzweifelt an jede Steinkante und leisten erbitterten Widerstand. Warum denn wohl? Der Keimling ist unter einem Kirschbaum, im tiefen Schatten, aufgegangen. Viele Füße führen ständig hier vorbei, die Blätter sind löchrig, aufgescheuert und platt getreten. Das Pflänzchen wehrt sich jedoch mit jeder Wurzelfaser und will einfach nur leben.

Wie die kleeähnlichen kriechenden Pflänzchen mit weinroten Blättern und gelben Blütensternchen heißen, die sich genauso verbissen gegen das Ausreißen wehren, hat die Gärtnerin nur mit Mühe herausgefunden. Sie denkt, die gehören zur großen Familie des Sauerklees. Besonders hartnäckig siedeln sie sich überall dort an, wo sie überhaupt nicht willkommen sind. Die Wurzeln reichen so tief ins Erdreich, dass ziemliche List angewandt werden muss, um ihrer Herr zu werden. Sie produzieren den ganzen Sommer über zahlreiche Mini-Blüten und dementsprechend reichlich Samen, die richtig springen und die ganze Umgebung fröhlich mit Nachwuchs versorgen. Sie haben grünblättrige Geschwister, die weniger kriechen, aber genauso unsympathisch sind. Die Blätter lassen sich ohne Mühe rupfen: Das ermuntert die Wurzel und die kriechenden Schösslinge nur zum dichteren Austreiben, und das Sauberhalten der gepflasterten Wege artet zur Sisyphusarbeit aus. Die Gärtnerin greift manchmal wie der Erzengel zum flammenden Schwert, einem Lötkolben mit großer Flamme, denn sonst sind diese dahergelaufenen Eindringlinge kaum wegzukriegen.

Da Feuer in der Nähe von Häusern aber immer bedenklich ist, wird es als Ultima Ratio eingesetzt, wenn die Plage gar zu heftig wuchert. Genauso lästig sind die Pflänzchen des Löwenzahns, die manche Jahre so dicht aufgehen, dass sie fast zu einer kleinen Löwenzahnwiese zusammenwachsen. Und weil sie hartnäckige Pfahlwurzeln haben, kriegt sie die Gärtnerin nie vollständig heraus. Werden sie nach drei- oder viermaligem Auszupfen aufgeben? Am leichtesten gehen Poa-Gräser, Rispengräser, auszurupfen. Da geht gleich das ganze Polsterl Wurzeln mit, das ergibt für die Jäterin eine tiefe, innige Befriedigung, die leider von der Gewissheit getrübt wird, dass schon abertausende kleinster Poa-Samen durch die Luft schweben und nur darauf warten, dass die Gärtnerin wegschaut, um sich in den Ritzen des eben gesäuberten Weges niederzulassen. Denn wo sonst noch wuchert es sich so schön?

Winter
Die unschuldigen Kinder
Frieren nicht gern - aber oft
(28. Dezember)

Unser Immergrün

Die *Vinca mínor,* unser Immergrün, ist im Norden Europas Symbol für Jungfräulichkeit, in Mittel- und Südeuropa für ewiges Leben, für Treue und Abwehr des Bösen, in England für frühe Freundschaft und für glückliche Erinnerungen. So viel geballte Vieldeutigkeit ist in der Pflanzenwelt selten anzutreffen; sie ist vielleicht darauf zurückzuführen, dass das Immergrün bereits lange vor unserer Zeitrechnung als Heilpflanze bekannt war. Es wurde gegen Milchfluss, Blutungen und bei Erkrankungen der Lunge eingesetzt. In den Siedlungsgebieten der Kelten trägt es den Namen „Violette des sorcires", Hexenveilchen. Wohl weil die Pflanze dem alten Galliervolk heilig war und bei den Druiden in hohem Ansehen stand.

Alte Gepflogenheiten, wie das Winden von Immergrünkränzen für die Verstorbenen, das Streuen von Immergrünblüten auf den Weg der Brautleute zur Kirche, das Verschenken der Pflanze an liebe Freunde, beweisen, dass die bescheidene Waldbewohnerin ihren alten Zauber beibehalten hat. Die *Vinca,* aus der Familie der Hundsgiftgewächse, der *Apocynáceae,* war Jean Jacques Rousseaus Lieblingsblume. Die Stadt Genf hat sie in ihr Wappen aufgenommen. Der italienische Namen der Pflanze, „pervinca", stammt vielleicht vom russischen „pervinka" ab, von „pervi", die Erste. Das Immergrün ist nämlich eine der ersten Waldpflanzen, die im Frühling blühen. Bei uns blüht die blaue Blume vom März bis in den Mai hinein, und manchmal schwach noch einmal im September. Im europäischen Großraum hin bis nach Kleinasien kommen zwölf Immergrün-Arten vor. Nur zwei davon sind in unseren Gärten als Zierpflanze in Kultur: die bereits erwähnte *Vinca minor* und deren größere Schwester, die *Vinca májor;* eine Varietät davon, die *Vinca major „Variegata",* hat panaschierte Blätter. Als kriechende Sträucher mit glänzendem Laub und flach aufliegenden, schnell wurzelnden Trieben sind sie ausgezeichnete Bodenbedecker. Sie wachsen besonders gut unter Bäumen, wo wegen Lichtmangels sonst nichts gedeiht. Die Blüten der Wildarten wechseln vom Tiefblau bis zum verblassten Hellblau, und niemand hat bisher herausbekommen, womit die Färbung beeinflusst werden kann. Manche Arten haben lilablaue, tiefblaue, weiße und auch weinrote Blüten. Alle bevorzugen den humusreichen Boden unter Laubbäumen; Nadeln dürfen nur Zugabe sein, nicht Alleinkost. Das Große Immergrün ist nicht so robust wie seine nordeuropäische Verwandtschaft und friert in extremen Lagen bei großer Kälte gerne bis zur Bodenoberfläche zurück. Das hindert es nicht, im darauf folgenden Frühling neu auszutreiben und im selben Jahr zu blühen. Erfrorenes sollte jedoch, der Ästhetik wegen, entfernt werden. Immergrün kann jeder Hobbygärtner sehr leicht selbst vermehren. Aus jedem Ausläufer bilden sich von selbst Wurzeln, sobald der Trieb längere Zeit mit dem Waldboden in Berührung geblieben ist. Diese Ausläufer sollen also vorsichtig abgeschnitten und samt der an den Würzelchen haftenden Erdkrume an den neuen Ort verpflanzt werden. Immergrün kann nicht nur als Bodenbedecker verwendet werden: Mit anderen Pflanzen in Töpfe gepflanzt, entwickelt es sich rasch. Die Ranken hängen dann anmutig vom Rand herunter, bedecken mild Unschönes.

Winterblüher duften meist: Kalikantus, Riemenblüte und Zaubernuss

Gleich mehrere Winterblüher, die vier bis sechs Wochen lang ihren Duft süß in die kalte Luft verströmen, hat uns China beschert. Zwei davon, die ursprünglich „La Mei Hua" und „Ji Hua" hießen, haben Europäer in *Chimonánthus práecox* und *Loropétalum chinénse* umgetauft.

Im Deutschen werden sie Winterblüte und Riemenblüte genannt; gebrauchen

Sie aber bitte diese Namen ohne Gewähr, weil sie unzuverlässig sind. So wird zum Beispiel für den *Chimonanthus* oft der Name Kalikantus verwendet. Der echte *Calycánthus* ist ein amerikanischer Strauch mit zimtroter, samtener Blüte, die zwar ebenfalls süß und eindringlich duftet, jedoch im Juni/Juli erscheint. Chimonanthus und Calycanthus gehören nur derselben Familie an. Einen dritten Winterblüher möchte ich hier erwähnen, diesmal aus Nordamerika stammend, die *Hamamélis móllis*, auch Zaubernuss genannt. Im amerikanischen Virginia wurde der Hamamelisstrauch von den englischen Kolonisten für einen Haselstrauch gehalten; da er aber keine Haselnüsse hervorbrachte, nannten sie ihn Hexenhasel.

Hamamelis und Loropetalum sind bei uns nur für die wärmeren Talböden geeignet, denn extremen Frost vertragen sie nicht. Der Chimonanthus hingegen kann an geschützter Stelle auch stärkerer Kälte ausgesetzt werden. Der Boden muss nur, zum Schutz der Wurzeln, mit einer dicken Mulchschicht aus Laub und Mist bedeckt werden. Alle drei Sträucher wachsen auf reichen, durchlässigen Kalkböden. Auch mögen sie halb schattige Lage. Der Chimonanthus erreicht leicht drei Meter Höhe, wenn ihm der Boden behagt. Nur nimmt er sich zum Wachsen lang, lang Zeit. In Meran erblühen oberhalb des „Steinernen Steges" zur rechten Flussseite der Gilfpromenade mehrere stattliche alte Exemplare; in Bozen weiß ich, unter den vielen in den alten Gärten in Gries, einen besonders schönen auch in der Cavourstraße; mit seinem Duft zwingt er die Vorbeieilenden zum Innehalten.

Loropetalumsträucher bleiben kleiner im Wuchs und sollten in Gruppen zusammengepflanzt werden: Ihre Blüte, die im Februar-März erscheint, gleicht von Ferne einem verspäteten Schneefall. Auch bleiben die Blätter im Winter am Strauch. Das trifft für den anderen Chinesen nicht zu: Das Laub des Chimonanthus verfärbt sich im Herbst im herrlichsten Gelb, dann Braun, und fällt irgendwann im Januar dann urplötzlich ab. Die bekannte englische Schriftstellerin Vita Sackville-West schreibt, dass der Chimonanthus in England am Spalier gezogen wird (wäre für einen kleinen Südtiroler Garten auch eine praktische Lösung). Ein Problem taucht dabei auf: Wann soll, wie muss geschnitten werden? Die Autorin zitiert gleich mehrere Fachleute; alle behaupten, dass der Strauch gleich nach der Blüte bis aufs alte Holz zurückgeschnitten werden muss. Dies hat aber so seine Tücken. Denn das alte Holz produziert im Sommer lange Gerten, die aber im Winter gar nicht blühen wollen (der Chimonanthus blüht erst am zweijährigen Holz). Vitas Lösung: Zwei Exemplare pflanzen, die abwechselnd im Jahrestakt zurückgeschnitten werden. Vita bedauert, nicht gleich mehrere Exemplare in ihrem Garten gepflanzt zu haben: Hätte sie das getan, könnte sie öfters im Winter blühende, duftende Äste fürs Zimmer abschneiden. Der Strauch produziert sehr zögerlich neue Zweige, und das zwingt den Gärtner zu Geiz und Kleinherzigkeit. Ich schneide meinen Kalikantus selten, weil ich die Blüten lieber am Strauch habe. In der Vase geben sie mir keine Freude. Ihr Duft in der kalten Winterluft freut mich um ein Vielfaches mehr.

Auch im Winter kann man von Magnolien träumen

Tiroler Gartenbesitzer scheinen Magnolien mit großer Hingebung zu lieben; dies ist verständlich, denn wer einmal eine Magnolie in voller Blüte gesehen hat, wird den Anblick nie und nimmer vergessen können. Aber dieser Enthusiasmus wird seitens der Magnolie selten mit derselben Innigkeit erwidert, denn der Baum hat so seine Eigenheiten und Tücken.

Magnolien zählen in der botanischen Systematik zu den „Primitiven", sie stehen ganz am Anfang der Entwicklung der Blütenpflanzen. Sie haben sich seit hundert Millionen Jahren nur geringfügig verändert: So ist die Blütenhülle nicht in Kelch- und Blütenblätter differenziert; die Blüten besitzen keinen Nektar im herkömmlichen Sinn und können nur durch Käfer bestäubt werden; die Anordnung der Staub- und Fruchtblätter ist nicht entwickelt; auch die Frucht, ein Zapfen, erinnert an nacktsamige Koniferen, die in der Pflanzengeschichte bekanntlich vor den bedecktsamigen Blütenpflanzen da waren. Botaniker unterscheiden zwischen nordamerikanischen und ostasiatischen Sorten. Die nordamerikanischen blühen, wenn sich das Laub bereits entfaltet hat; die ostasiatischen, wenn die Äste noch nackt dastehen. Die Spätblüher unter den Magnolien behalten die Blüten länger und öffnen sie auch nicht im „Gleichtakt". Einen Übergang zwischen beiden Gruppen bildet die rot blühende Chinesin *Magnólia liliiflóra*, bei der Blätter und Blüten gleichzeitig erscheinen. Alle lieben warmes oder gemäßigtes Klima. Eigenartig ist auch, dass die schönsten aus Asien stammen.

Gerade blättere ich in einem Katalog: Lasst mich auch im Winter von Magnolien träumen. Und überlege dabei, wo ich eine Frühblüherin hinpflanzen könnte. Die früh blühenden Arten sind attraktiv, weil die Blüten in den kahlen Zweigen wunderbar zur Geltung kommen. Sie besitzen auch die liebenswerte Eigenheit, reichlicher Blüten als die anderen Magnolien zu produzieren. Schade, dass alle Blüten fast gleichzeitig verblühen. Die beste Magnolie für Tiroler Gärten ist die kleinwüchsige Japanerin, *Magnolia stelláta*, die im zeitigsten Frühling sehr reich erblüht. In der Regel pflanzt sie der Kenner als Solitär. Die *Magnolia denudáta* wird in ihrer Heimat Jade-Orchidee genannt. Als Zierstrauch war sie besonders während der Tang-Dynastie (618–906 n. Ch.) beliebt. Sie bedeckt sich im März mit weißen sternförmigen Blüten, die bewegt wie ein Schmetterlingsschwarm locker in den nackten Ästen sitzen. Sie ist nicht nur ein wunderschöner Zierstrauch, sondern auch in ihrem Heimatland mit Rinde, Blättern und Blüten ein Heilmittel gegen Kopfschmerzen und Atembeschwerden. Die duftenden Blütenblätter sind darüber hinaus auch noch eine kulinarische Delikatesse.

In Töpfen gezogen, säumte sie die Straßen der königlichen Paläste. Chinesische Gärtner brachten sie bereits im Jänner zum Erblühen, wie der englische Botaniker Fortune (1813–1880), Direktor der botanischen Gärten in Chelsea, bezeugen konnte. Aber nicht nur als Zierstrauch kam sie in China zu Ehren, sie wurde auch in der Medizin hoch geschätzt. Ein Jahr nach dem Ausbruch der Französischen Revolution gelangten die ersten Magnolien nach Europa. 1975 erschien in Amerika eine Liste, die „Check List of the Cultivated Magnolias", die 648 verschiedene Hybriden aufzählte, die zum Verkauf angeboten wurden. Genieren Sie sich also nicht, wenn Sie Magnolienbäume bzw. -sträucher nicht genau benennen können. Was kein Erwerbsgärtner frei bekennt, ist, dass sie selten in unseren Gärten den geeigneten sauren Boden und die erforderte Feuchtigkeit finden. Sie bereiten deshalb dem nichts ahnenden Liebhaber meist nur Kummer. Ihr Preis ist auch nicht zu unterschätzen, das verstärkt die Verstimmung bei einem Verlust.

Alle Magnolien wachsen gut auf schwach saurem, humusreichem, nahrhaftem Gartenboden. Sie sind Flachwurzler und vertragen im Wurzelbereich weder tiefe Bodenbearbeitung noch einen ständigen Druck wie bei einem begangenen oder befahrenen Weg. In Südtirol, wo auch das Grundwasser Kalk enthält, findet man einen optimalen Standort selten. Magnolien wollen einen hellen Platz und schätzen Gesellschaft wenig. Man könnte sie mit Rhododendren, Azaleen und Erika begleiten, wobei sie bei Trockenheit reichlich begossen werden müssen, da die Magnolie ungern mit anderen teilen will. Schnitt ist bei diesen schönen Bäumen und Sträuchern überflüssig. Sie werden uralt, da kein Schädling ihnen etwas anhaben kann.

Die Mistel:
aus uralten Zeiten

Die Mistel, *Viscum álbum*, wird immer dann von unserem Auge wiederentdeckt, wenn alle anderen Bäume ihre Blätter fallen gelassen haben und sie an den kahlen Ästen ihrer Wirtspflanze sichtbar wird; ihr blasses verhaltenes Grün mit den perlmutterfarbenen runden Früchten verrät sie. In der Schule haben wir alle gelernt, dass die Mistel eine echte Schmarotzerpflanze ist, die sich von der Lymphe der Wirtspflanze ernährt.

Da sie sich zur Zeit der Wintersonnenwende dem menschlichen Auge offenbart, steht sie für Beständigkeit und Fruchtbarkeit und wird von den Europäern als Glücksbringer angesehen. Im unwirtlichsten Monat des Jahres, wenn die Dunkelheit am längsten währt, muss der Mistelzweig eine Verheißung für bessere Zeit sein. „No Mistletoe, no luck", sagen heute noch die Engländer, und sie haben fast zwei Jahrtausende lang den Verboten der christlichen Behörde, Mistelzweige zu schneiden, nie ernstlich Folge geleistet. Ihre Kirchen dürfen sie damit zwar nicht schmücken, aber ins Haus wollen sie das Glück, „luck", in Fülle hereinholen. Der Kuss unter dem Mistelzweig, der von England aus die ganze Welt erobert hat, ist ein überaus beliebter Brauch, einer jener Fruchtbarkeitsriten, die die Menschheit nie von Priestern zu erlernen brauchte. Die Mistel stand vor allem bei den Kelten hoch im Ansehen, das hat uns Plinius der Ältere, der römische Ethnologe ante litteram, übermittelt. Überall, wo sich dieses unruhige und wanderlustige Volk ansiedelte, gewann die Mistel hohes Ansehen. Vergil lässt Aeneas mit einem Mistelzweig die Tore der Unterwelt öffnen: Wir dürfen nicht vergessen, dass Vergil aus Mantua stammte, einer von Kelten gegründeten Stadt. Mistelzweige wurden von den Druiden mit goldenen Sicheln von den Bäumen getrennt, die Zweige durften nicht den Boden berühren und wurden in weißem makellosem Leinen geborgen; das wissen auch unsere Kinder, sofern sie „Asterix" lesen. Der klebrige Schleim, der die Samen

Nieswurz

umgibt, wurde als göttliches Sperma angesehen. Die Pflanze war deshalb Mittel gegen Zeugungsunfähigkeit, Lebensspender und Hilfe gegen Gift. Noch heute gebraucht die Medizin die Mistel bei Herzschwäche, als Blutreiniger und zur Behandlung von Bluthochdruck. Die Pflanze ist zudem auch eine große Hoffnung in der modernen Krebsforschung.

Allen Dingen und Wesen im Himmel und auf der Erde hatte einst die Mutter Frigga, die Gemahlin Odins, die Göttin der Liebe und der Ehe, den Schwur abgerungen, Baldur, dem hellen, lieblichen Sonnengott, kein Leid zuzufügen. Nach diesem Gelöbnis glaubten alle, dass der Liebling der Götter unverletzlich sei. Der finstere Loki nimmt jedoch einen Mistelzweig – der ja weder Himmel- noch Erdenwesen ist – und schnitzt daraus einen Wurfpfeil, den er dem blinden Höd in die Hand drückt. Höd wirft und Baldur bricht, an der Schläfe getroffen, zusammen. Das Wintergewächs, die Mistel, hat die Sonne also doch bezwungen.

Im Garten siedelt sich dieser Schmarotzer eher selten an. Der Schaden, den er an den von uns gehüteten Bäumen anrichtet, ist kaum der Rede wert. Wir wollen darum alle hoffen, dass das Glück bald auch in unseren Garten einzieht.

Die Nieswurz bestraft die Pflanzenräuber

Jeder, der danach gefragt, sagt, Blumen seien farbig. Sie sind schlicht an ihrem Rot, Blau, Gelb, Orange zu erkennen. Bisweilen wird behauptet, grüne Blumen gebe es nicht. Und doch: Es gibt sie, eigenwillig aus der Reihe tanzend, obwohl sie namentlich an einer Hand aufgezählt werden könnten. Eine davon ist die Grüne Nieswurz, *Helléborus víridis*. Sie ist zwar nicht in unseren Wäldern daheim, aber in den kalkhaltigen Böden des benachbarten Welschtirols finden wir sie zuhauf. Dalla Fior schreibt, sie käme „quasi esclusivamente" östlich der Etsch vor. Nicht dass ich fürs Ausgefallene um jeden Preis wäre: Ich gehöre zu denen, die sich an den üblichen Zinnien, Astern, Petunien, Tagetes sehr erfreuen. Im Winter aber, wo fast nichts blüht, such ich gern nach Extras, und die Grüne Nieswurz mit ihren apfelgrünen Blüten schließe ich sofort ohne Zaudern in mein Herz. Sie hat auch einen korsischen Verwandten, *Helléborus córsicus*, der ebenfalls grüne Blüten hervorbringt. Natürlich könnte ich mich mit der normalen Christrose, der Schwarzen Nieswurz, zufrieden geben; sie blüht fast gleichzeitig mit der Grünen Nieswurz, hat große weiße, rosa angehauchte Blüten, an denen rundherum nichts auszusetzen ist. Ich bin auch sehr dafür, dass aus dem Angebot der Erwerbsgärtnereien auch *Helleborus fóetidus*, die Stinkende Nieswurz, dann zum Ausgleich *Helleborus odórus*, die Duftende Nieswurz, oder die anmutige Kaukasische Nieswurz, *Helleborus caucásicus*, in unsere Gärten gelangen. Letztere, eine der schönsten unter den Christrosen, erhebt große weiße Blüten hoch über ihre Blätter. Die Blütenblätter laufen am Ansatz grünlich an, an der Spitze schwach ins Purpurn aus. Die griechische Spielart der Nieswurz, botanisch *Helleborus orientális*, ist Mutter vieler farbiger Hybriden, die heute zum Verkauf angeboten werden.

Aus der freien Natur sollten umweltbewusste Gärtner keine Christrosen nach Hause nehmen. Besonders in dem benachbarten Trentiner Land sollte mit dem heimlichen Ausgraben endlich aufgehört werden, besorgen es doch die Einheimischen selbst besonders gründlich. Für sie scheint kein Verbot, kein Gesetz zu gelten: Unsere Haushaltshilfe, sonst ein sympathisches, friedliches Frauenzimmer, berichtet jedes Jahr frohlockend von Razzien, die sie und ihre Freundinnen während der Blütezeit – ja, Sie haben richtig gelesen – unternehmen. Christrosenwurzeln sind sehr empfindlich, wenn sie einmal ausgewachsen sind; Ausgraben bedeutet sicheren Tod – ein Ausgraben während der Blütezeit ist übrigens für jede Pflanze fatal. Nun wissen auch Sie, werter Leser, warum Ihre Raubzüge keinen Erfolg aufweisen. Im Garten wollen Christrosen auch Ruhe haben, Umsetzen, Ausgraben, Versetzen sind Tätigkeiten, die bei ihnen unterlassen werden sollten.

Kurz nun einige Pflegeanleitungen: Sobald Sie ein Pflänzchen gekauft haben, überlegen Sie gut, wohin damit. Ein Umsetzen in späteren Jahren ist, wie gesagt, sehr riskant. Pflanzen Sie den Neuling sofort in den Schatten von Büschen und Bäumen. Sonnige Standorte behagen ihm nicht. Nieswurz mag kalkigen Boden, der im Sommer ruhig ein wenig trockener sein kann. Im Herbst und im Winter soll der Boden aber feucht bleiben. Lassen sie darum, wie in den Wäldern ihrer Herkunftsorte, viel Mulchmaterial liegen.

Scheinhasel und Seidelbast: blühender Trost für die Wintertage

In den letzten Wintertagen, wenn alles noch im Frost erstarrt ist, sehnt der Mensch sich nach etwas Blühendem. Im kleinen Beet, das ich vom Küchenfenster aus sehen kann, habe ich eine Chinesin gepflanzt, die ich nicht mehr missen möchte. Sie heißt botanisch *Corylópsis spicáta* und gehört zur Familie der *Hamamelidáceae.* Zu Deutsch, sofern das einen Wert hat, heißt der Strauch Scheinhasel.

Die Blütezeit der Corylopsis liegt zwischen dem krausen Aufgehen der Zaubernussblüten und der grellen Offenbarung der Forsythiensterne. In der Farbe, im Ton und im Charakter ist sie sanft und verhalten wie die Zaubernuss. Ihre hellgelbe Blüte duftet, zeigt also auch in diesem Punkt mehr Stil als die Forsythie, ihre vorlaute Landsmännin. Der Strauch geht im Wuchs mehr in die Breite als in die Höhe. Er scheint, anstatt nach oben zu streben, die Röcke auszubreiten. Er mag durchlässige, reiche Böden, und seine behaarten Blätter haben starke Ähnlichkeit mit jenen der Haselnuss. Der botanische Namen stammt aus dem Griechischen und deutet eben auf die Ähnlichkeit mit Letzterer hin. Die Äste mögen besonders im jugendlichen Stadium nicht geschnitten werden. In sehr kalten Wintern können sie abfrieren. Dieses erfrorene Holz ist nach dem Austrieb mit Vorsicht zu entfernen. Sonstige Pflege braucht die Scheinhasel nicht. Alle Corylopsissorten, zweiundzwanzig an der Zahl, stammen aus Japan, China und aus dem Himalaja-Gebiet. Unsere Erwerbsgärtnereien führen nur die *Corylopsis spicáta*, ein Aufzählen anderer Sorten erübrigt sich deshalb. Jenseits der Alpen werden die Pflanzen aus klimatischen Gründen in Kübeln gezogen. Wer bei uns über vierhundert Meter Meereshöhe wohnt, sollte es den Germanen nachtun. Extreme Kälte verträgt der Strauch nicht.

Wer für duftende Winterblüher generell ein Faible hat, sollte sich auch nach dem Seidelbast, *Dáphne mezéreum*, aus der Familie der *Thymelaeáceae*, umschauen. Manche Erwerbsgärtnereien verkaufen ihn auf Bestellung. Seidelbast steht in ganz Europa unter strengem Naturschutz. Seidelbast ist giftig, das weiß jedes Kind. Linnaeus, der Vater der Botanik, berichtet, dass fünf Samen einen Wolf töten können. Warum und woher er das erfahren hat, erzählt er leider nicht. Früher gebrauchten die Heiler Rinde und Samen gegen rheumatische Beschwerden; die Wirkung war bestimmt umwerfender als die Krankheit selbst. Man ließ alsbald von der Anwendung ab.

Wer einmal einen blühenden Seidelbast in den noch winterfeuchten Bodenwellen eines Buchenwaldes bewundert hat, der vergißt ihn nie wieder. „Im Walde blüht der Seidelbast, im Graben liegt noch Schnee. Und was du mir geschrieben hast, das Brieflein tat mir weh", klagt in einem alten Lied ein Verschmähter; die wehmütige Weise durfte ich zu Internatszeiten unter Anleitung der Liesl Saltuari nachfühlend auf der Gitarre erlernen. „Im Walde blüht der Seidelbast, im Graben liegt noch Schnee, und was du mir geschrieben hast, schwimmt draußen auf dem See", so klagte der Verschmähte weiter; schlussendlich rebelliert er, der Seidelbast begleitet ihn dann durchs Tal „in ein ander Land", wo „Mädchen nicht so stolz der Liebe abgewandt" sind.

Für unseren Garten kommen zwei Sorten in Betracht: die *D. mezereum* und die *D. burkwoodii*, beide in der Pflege schwierig und in der Haltung launisch. Wachsen sie üppig an einem Ort, gehen sie in nur drei Meter Entfernung urplötzlich ein. Die Duftenden mögen unsere kalkigen Böden, lieben den Halbschatten humöser Waldböden, hassen Hitze und Trockenheit. Und Scheren verabscheuen sie abgrundtief.

Die Stechpalme:
ein stacheliger Schutz vor dem Bösen

Die Stechpalme, *Ílex aquifólium,* die wir zur Weihnachtszeit in jedem Weihnachtsschmuck wiederfinden, steht als Symbol für Glück, für Schutz vor Bösem, für kluge Voraussicht. Sie gehört zu den immergrünen Blattpflanzen, die in Mitteleuropa spontan vorkommen. Schmerzhaft-spitzstachlig verwehrt sie jedem den Durchgang. Einst bildete sie willkommenen Schutz für eine von Räubern und Kriegsvolk bedrängte Menschheit. Heute reicht die Stechpalme als Schutz vor diesen Plagen leider nicht mehr aus. Für uns ist eine ausgewachsene, altehrwürdige Stechpalme ein unbekannter Anblick, denn Stechpalmen wachsen den Forstexperten zu langsam. Der Baum könnte zehn Meter Höhe und einen Stammumfang von über einem Meter erreichen. Wild wachsende Exemplare sind seit Jahrhunderten ausgerottet. Und so können wir nicht mehr begreifen, warum die immergrüne Wehrhafte auch Symbol für weise Voraussicht war. Sie lässt nämlich im Jungstadium und im unteren erreichbaren Bereich ihrer Laubkrone die dornig-spitzigen Blätter wachsen. Dort hingegen, wo nur die Vögel Sitzgelegenheit suchen, sind ihre Blätter völlig stachellos, unbewehrt und glatt. Vögel sind übrigens diejenigen, die für ihre Verbreitung sorgen.
Alle Feste des schreckenvollen Winters werden mit Immergrünem geschmückt. Auch die Stechpalme ist Symbol für Unsterblichkeit und ewiges Leben. Im Gezweig, das nie verkahlt, fanden früher Feen und holde Geister Zuflucht; um

Stechpalme

sie anzulocken, schmückte der Hausvater damit die Hauswände und auch den Zutritt zu Haus und Stall. Die stacheligen Spitzen der Blätter hingegen sollten die bösen, arglistigen Geister abschrecken. Nach einer anfänglichen Ablehnung übernahm auch die christliche Lehre den heidnischen Brauch; nur das „Streichen", das rituelle Schlagen mit Stechpalmenzweigen in uralten Fruchtbarkeitsriten, blieb nach wie vor verpönt, da es – so ist es überliefert – zu sexueller Ausschreitung führen könnte. Die Asche, die der Priester am Aschermittwoch dem Gläubigen auf den Scheitel streut, war Asche von Ilex und Buchs, die durch reinigendes Feuer gegangen waren.

Die Stechpalme hat viele Namen: Heißt sie im Englischen hulfere oder holly, so wird sie im Deutschen Hülsenbusch, Palmdistel oder Stacheleiche genannt. Heute wird sie leider kaum mehr in größeren Horsten gepflanzt. Sie würde für übermütiges Kleingetier wie gefräßige Hasen oder streunende Hunde undurchdringliche Hecken bilden. Sie bleibt auch im Winter grün und ist darum dekorativer als bloßes, nacktes Dornengestrüpp. Sie bietet den Vögeln lustige grellrote Beeren an, wobei wir wissen sollten, dass nur weibliche Pflanzen Beeren tragen. In einem Zaun sollte deshalb immer mindestens ein männliches Exemplar Platz finden. Stechpalmen sehen im Garten immer gut aus: Und einen dichten, wehrhaften „holly-wood" en miniature könnte ich mir eigentlich ganz gut in jedem größeren Garten vorstellen.

Der Wacholder: ein genügsamer Lebensbaum

Der Wacholder, *Juníperus commúnis*, ist ein immergrünes Gewächs. Es gibt von ihm etwa 60 Arten, die wie ein grüner Gürtel den Erdball umrunden. Er wächst auf kargem Boden am besten und stellt eigentlich keine Ansprüche, will nur in voller Sonne wachsen, dort erhält er seine silbrig schimmernde Farbe, die ihn auszeichnet. Der Gärtner sollte ein weibliches und ein männliches Exemplar erwerben, so kann er auch die Früchte sammeln, um sie in der Küche zu verwerten.

Der graugrüne Nadeln tragende, bei uns meist durch die widrige Witterung gedrungene Strauch ist Symbol für physische Stärke und für Fruchtbarkeit. Er ist ein Lebensbaum, seit Jahrtausenden Zufluchtsort und Hilfe in Notzeiten. Seine Namen im Volksmund geben von einigen seiner Tugenden Kunde; er heißt Quickholder, Heidesegen, Gnadenregen, Machandel (d.h. Lebensbaum) und Krammetsbeerenbaum. Überall, wo er wächst, haben die Menschen seine Heilkraft erkannt und ausgenutzt. Er ist Symbol für Manneskraft und Lebensfreude auch im Namen: Wach-Holder. Die Bezeichnungen Quick- und Queckholder meinen dasselbe, Jäger und Waldhüter wissen das gut. Darum wird er geschont und geschützt.

Vor einem Wacholder soll man, wie vor dem Holunder, immer den Hut ziehen. Sogar der Alkohol im englisch-amerikanischen Gin, im französischen Genever und in den vielen deutschen „Jägerschnäpsen" hat die ursprüngliche glückliche Kombination von ätherischen Ölen in seinen Beeren nicht unterdrücken können. Für die unerwünschten Folgen überschäumender Manneskraft hatte ein Verwandter des Wacholders zu sorgen: Pulver vom *Juniperus sabina*, dem Sadebaum, setzten die heilkundigen Frauen als Abtreibungsmittel ein. Im Dritten Reich verbot eine Verordnung ausdrücklich, den Sadebaum in deutschen Baumschulen zu vermehren: Der Führer wollte viele Kinder – um sie später als Kanonenfutter einsetzen zu können. Der Glaube an die wunderbaren Kräfte des Wacholders war einst so groß, dass die Menschen allen Ernstes annahmen, er hüte Gold unter seinen Wurzeln. Wuchs er am Eingang einer Höhle und erhob sich eine goldene Blütenstaubwolke, der so genannte „Gnadenregen" oder auch „Heidesegen", wenn er gestreift wurde, so war diese Höhle ohne Fehl ein Eingang zum verschwiegenen Zwergenreich.

Heute sind wir prosaischer geworden: Zerstäubt sich die Pollenwolke im Hoch-
zeitsflug, so erklären wir den Kindern, dass dies eine männliche Pflanze ist. Wir
täten vielleicht auch Gutes, wenn wir ihnen die Geschichte des Eintritts ins
Zwergenreich erzählten, denn so würden die Kleinen sich die Pflanze auf
immer einprägen. Die weibliche Pflanze trägt nicht, wie allgemein angenom-
men, Beeren, sondern winzige Zapfen. Diese Zapfen reifen sehr langsam – in
drei Jahren – am Strauch heran, obwohl dieser sich bereitwillig alle Jahre mit
Blüten schmückt. So sind immer drei Generationen am selben Busch im Werden. Diese Eigenschaft hielten unsere Vorfahren für ein Zeichen außergewöhn-
licher Zeugungs- und Überlebenskraft. Zur Nutzung in Küche und Apotheke
wird nur die letzte Generation Zapfen gepflückt. Auch die Tatsache, dass die
kurzen Nadeln heftig stechen, wurde in alten Zeiten zur Tugend umgedeutet,
ein wirksamer Schutz vor Unheil. Das Böse scheut bekanntlich Spitzes und Sta-
cheliges und mag auch kräftigen, harzigen Geruch nicht. Wir Menschen mögen
Letzteren hingegen sehr ... eine nach überlieferter Tradition mit Wacholder-
rauch geräucherte Hamme Speck beweist es.

Von Zierkirschen und Amseln

Für die Gärtnerin hat die Zeit des Wartens begonnen. Die einzige ihr vergönnte
Tätigkeit ist das Gießen der Alpenveilchen hinter den Doppelfenstern. Der aus-
bleibende Frost hat an diesem milden Jahresende (hat man je gehört, dass im
Tal die Temperatur so spät, erst ab Ende November, nur ein, zwei Grad unter
null gesunken ist?) noch alle möglichen Gartenarbeiten ermöglicht; Rosenstau-
den wurden verpflanzt, Mist ausgebreitet, Laub konnte wärmend und in
gerechter Weise am Fuß aller Pflanzen, auf allen Beeten verteilt werden; lauter
Arbeiten, die andere Jahre schon Ende Oktober abgeschlossen sein mussten.

Der einzige Gang nach außen führt in dieser dunklen Jahreszeit höchstens zum Komposthaufen, wo die Küchenabfälle abgelagert werden. Sie müssen jedes Mal, damit sie nicht in alle Windrichtungen zerstreut werden, gegen die grabwütigen Amseln mit Reisig zugedeckt werden; sängen die schwarzen Frechen im Frühling nicht so hinreißend und schmelzend in der Dämmerung, morgens um fünf und abends um neun, möchte ihnen die Gärtnerin am liebsten an den glatten rußfarbigen Kragen ... Aber seit ein paar Jahren ist auf dem Weg zum Komposthaufen ein kleines Wunder geschehen. Da hat sich ganz von allein ein *Prúnus*, eine wilde Zierkirsche, angesiedelt. Vermutlich sind hier die gefräßigen Schnäbel und die ordnungsgemäße Verdauung unserer Amseln gleichmäßig beteiligt.

Bewiesen ist, dass Apfelbäume nicht immer veredelt, Zierkirschen nicht „gepelzt" werden müssen, um marktgerechte Früchte oder Blüten zu tragen: Unsere eigene Apfelernte im früheren Garten, wo sich „Wildlinge" aus dem Liguster herausgearbeitet hatten, und auch die Apfelernte anderer Bekannten in Neumarkt geben genügend Zeugnis. Sicherlich den Amseln gutzuschreiben. In der Tat sind alle Prunussorten, die der Familie der Rosengewächse angehören, wie Apfel, Birne, Rose und Kirsche, wunderschön, angefangen bei den spektakulären, duftenden Blütenwolken unseres einheimischen *Prunus spinósa*, unserer Schlehe. Sogar ihren spitz stechfreudigen Dornen kann Anziehendes abgewonnen werden, denn der nackte dunkle Strauch im kalten, hellen Gegenlicht eines Januartages ist reinste abstrakte Kunst. Schade, dass die Schlehe nicht in den Garten verpflanzt werden kann, da sie wegen mangelnder Kinderstube – sie wuchert unterirdisch wie eine Quecke! – frech und aufsässig wird. Geeignet zeigt sie sich für rutschgefährdete Böschungen, wo sie zusammen mit Sanddorn gepflanzt werden sollte: Die zwei halten sich nämlich gegenseitig in Zaum, und nichts ist hübscher als das Gemisch von silbrigem und dunkelgrünem Laub. Der duftig-zarte weiße, dichte Blütenflor der Schlehe erscheint Ende Februar lange vor den Blättern, und der Fruchtstand des Sanddorns leuchtet orange durch viele dunkle Wintertage.

Zierkirsch- und Zierapfelbäumchen gibt es seit einigen Jahrzehnten auch bei uns. Früher sah man sie nur in den Gärten der Kundigen. Die Pflanze stammt aus Japan, wo die gärtnerische Kunst zu höchster Vollendung gelangt ist. Die Blüte dieser zarten Bäumchen wird dort mit einem Nationalfest gefeiert, alles strömt in die öffentlichen Gärten, wo die weisen Gartenkünstler Alleen und Haine der Parkanlagen damit bepflanzt haben. Die Blüte selbst dauert nur wenige Tage.

Literatur

David Austin
Alte englische Rosen, DuMont, 1992

Hans Bächthold Stäubli / Eduard Hoffmann-Krayer
Handwörterbuch des deutschen Aberglaubens,
de Gruyter, 1936

Andreas Bärtels
Kostbarkeiten aus ostasiatischen Gärten, Ulmer,
1987

Marianne Beuchert
Die Gärten Chinas, Insel Taschenbuch, 1982
Symbolik der Pflanzen, Insel-Verlag, 1995

Maureen & Bridget Boland
„Old Wives' Lore Gardeners", The Bodley Head
Ldt, 1976
Was die Kräuterhexen sagen, dtv, 1983

Brickell/Sharman
The Vanishing Garden, John Murray, 1986

Jacques Brosse
Mitologia degli alberi, Rizzoli, 1991

Maggie Campbell-Culver
The origin of Plants, Headline, 2001

Kej Hielscher / Renate Hücking
Pflanzenjäger, Piper, 2002

Karel Capek
Das Jahr des Gärtners, Fischer, 1986

Jürgen Dahl
Nachrichten aus dem Garten, dtv, 1987
Neue Nachrichten aus dem Garten, dtv 1989
Zeit im Garten, Hoffmann und Campe, 1991
Der neugierige Gärtner, dtv, 1998

Ehmke / Meissner / Süsskow / Wirth
Schatten im Garten, Ulmer, 1989

Karl Foerster
Blauer Schatz der Gärten, Ulmer, 1990

Hermann Göritz
Blütenstauden, Gräser, Farne, Gondrom, 1985

Karl Heinz Hanisch
Erlebte Rose, Ulmer, 1988

Hansen / Stahl
Die Stauden und ihre Lebensbereiche, Ulmer, 1987

Gertrude Jekyll
Coulor schemes for the flower garden, Windward
Frances Lincoln, 1988

Christopher Lloyd
The well tempered Garden, Collins, 1970

Robert Pearson (Hg.)
Das Wisley Gartenbuch, Ulmer, 1984

Ippolito Pizzetti
Il libro dei fiori, Garzanti, 1968
Beiträge aus der Zeitschrift „L'Espresso"

Johannes Roth
Gartenlust, Keyser, 1989
Die neue Gartenlust, Insel-Verlag, 1994

Roth / Daunderer / Kormann
Giftpflanzen-Pflanzengifte, ecomed, 1984

Vita Sackville-West
In Your Garden, In Your Garden Again, For Your
Garden, Even More For Your Garden, Ed. Michael
Joseph, 1951-1958

Alwin Seifert
Gärtnern, Ackern ohne Gift, Beck'sche Reihe, 1991

Ruth Schneebeli-Graf
Blütenland China zwei Bände, Birkhäuser,1995

Carus Sterne / Aglaia von Enders
Unsere Pflanzenwelt, Safari-Verlag, 1956

The Royal Horticultural Society
Pflanzenenzyklopädie, Dumont, 1998

Verschiedene Autoren
Gardening Tips from the National Trust, National
Trust,1994

Dietrich Woessner
Rosen für den Garten, Ulmer, 1988

G. Dalla Fior
La nostra flora, Monauni, 1985

Encke / Buchheim / Seybold
Zander – Handwörterbuch der Pflanzennamen,
Ulmer, 1984